나에게로 中國語 듣기와 말하기 3

정윤철 양춘기 삐레이(毕垒)
리우천(刘辰) 시나(席娜)

부산외국어대학교 출판부

나에게로 中國語 듣기와 말하기 3

2012년 8월 24일 초판 1쇄 발행

저 자/ 정윤철·양춘기·삐레이(毕垒)·리우천(刘辰)·시나(席娜)

발행인/ 정 해 린
발행처/ 부산외국어대학교 출판부
등 록/ 제 카7-53호 (1988. 9. 1.)
주 소/ 608-738 부산광역시 남구 석포로 15
전 화/ 051) 640-3439 팩스/ 051) 640-3580
E-mail/ press@bufs.ac.kr

편 집/ 주간·이종문, 디자인·정순식
인쇄처/ 세종문화사 (051)463-5898
공급처/ 한국출판협동조합 (02)716-5616~9

* 이 도서는 부산외국어대학교의 연구활동을 진작시키고 출판물의 저작·보급을 촉진하기 위해 도서개발 연구비가 지원된 도서입니다.

ISBN 978-89-8312-367-1 03720

값 12,000 원

목차

이 책은…

"나에게로 中國語" 3급 <듣기와 말하기>는 "나에게로 中國語" 시리즈 6단계 중 3단계의 <듣기와 말하기>에 해당하는 교재입니다. "나에게로 中國語" 시리즈는 신HSK(중국어능력시험)의 1급에서 6급까지 망라하며 언어의 4대 기능영역인 듣기, 말하기, 읽기, 쓰기의 균형 잡힌 교육을 위하여, 1-2 단계는 4대 영역을 한 권으로 통합하여 학기당 한 권으로 구성하고, 3단계부터 6단계까지는 좀 더 전문적이고, 단계적인 영역별 학습을 위하여 <듣기와 말하기>, <읽기와 쓰기> 두 권을 한 묶음으로 기획하고 있습니다.

본 교재의 특징은 아래와 같습니다.

● 언어 4대 기능영역을 포괄하는 내용과 형식의 유기적 연계

<듣기와 말하기>, <읽기와 쓰기>가 한 셋트로 묶어져 있고, 내용상으로도 동시에 진행되도록 하기 위하여, <읽기와 쓰기>교재에서 학습한 내용을 <듣기와 말하기>교재에서 익히도록 편성하여, 학습자가 4대 영역을 골고루 학습하고, 충분한 반복 연습이 가능하도록 구성하였습니다.

● 신HSK 단계별 등급에 맞춘 체계적인 교재

본 교재는 전체 6단계가 신HSK의 6등급에 맞추어 편찬되어 처음부터 시작하는 초급자나 중급 및 고급 수준의 학습자도 자신의 실력에 적합한 교재를 선택하기에 편리하게 기획되었습니다. 모든 교재에는 현재 학습하고 있는 수준이 어디쯤인지 한 눈에 알 수 있게 모든 단어에 신 HSK의 등급을 표시하였고, 어법도 등급을 철저히 지켜 단계별로 구성하였습니다. <읽기와 쓰기>교재에는 신HSK의 阅读/写作 모의문제를 수록하고, <듣기와 말하기>교재에는 听力/口试 모의문제를 초급(1-2급), 중급(3-4급), 고급(5-6급)에 맞추어 구성하여 교과서로서의 기능 뿐 아니라, 완벽한 시험 준비서로서의 역할도 충분히 수행할 수 있도록 하였습니다.

● 실제 대화에서 많이 쓰이는 회화체 용어 및 관용어를 중점적으로 수록

본 교재는 듣기와 말하기에 중점을 두어 전문적인 어법해설은 <읽기와 쓰기>에 제한하고, <듣기와 말하기>에는 일상 회화에서 많이 쓰이는 관용어나 감탄사 등을 주로 다루어 더욱 중국인의 중국어에 가까운 유창한 중국어를 익힐 수 있도록 구성하였습니다. 또한 연습문제에서도 "듣고 따라하기", "듣고 대답하기" 등의 문제유형을 채택하여 회화체를 익히기에 더욱 적합합니다.

● 매 권의 뒷부분에 단어 색인 및 각 등급별 어휘를 부록으로 제시

본 교재에서는 신HSK 각 등급의 해당어휘를 책 뒷편에 부록으로 수록하여 학습자 스스로 새 단어와 연습문제에 출현하지 않은 어휘까지도 학습할 수 있도록 함으로써 해당 단계에서 습득해야 하는 기본적인 어휘를 완벽 마스터할 수 있도록 구성하였습니다.

본 교재는 현행 한 학기의 강의 실정에 맞추어 12개 과로 구성되었으며, 매 과의 체계는 다음과 같습니다.

- ✦ 회화
- ✦ 새 단어
- ✦ 해설
- ✦ 듣기와 말하기 연습문제
- ✦ HSK연습문제(듣기, 말하기 영역)

● 알아두기

① 품사구분기호

명 명사	동 동사	형 형용사	부 부사
수 수사	양 양사	개 개사	고유 고유명사
대 대명사	조 조사	조동 조동사	접 접속사
감 감탄사	방 방위사		

② 2 종류 이상의 품사를 가지는 단어는 매 과의 회화에 출현하는 용법을 기준으로 "새 단어" 및 "보충 단어"에 한 가지 품사만 표기하였습니다.

③ 본 교재에 출현하는 "一"와 "不"의 성조 표기는 변조된 이후의 성조값으로 표기하였습니다.

第 1 课 珍岛犬小白

Zhēndǎoquǎn Xiǎobái

제 1 과 진돗개 백구

핵 심 표 현

1. 好可爱的小狗啊!
2. 还真不知道，说说看!
3. 那倒不是。
4. 怪不得你们韩国人这么喜欢珍岛犬啊!

第1课 珍岛犬小白

Zhēndǎoquǎn Xiǎobái

会 话

LS 1-1

英珠：好可爱的小狗啊!

志良：你也喜欢狗吗? 我也特别喜欢狗，但是我不喜欢猫。对了，我还是属狗的呢!

英珠：你知道我们韩国最有名的狗是什么吗?

志良：还真不知道，说说看!

英珠：是珍岛犬! 珍岛是韩国的西南部的一个小岛。

志良：那珍岛犬一定是很漂亮的狗吧?

英珠：那倒不是。他们看上去很普通。但是，珍岛犬对主人特别忠诚! 以前有一个叫小白的珍岛犬，为了回到主人和妈妈的身边，用了7个月，从大田走回家乡珍岛，300公里啊!

志良：怪不得你们韩国人这么喜欢珍岛犬啊!

Yīngzhū：Hǎo kě'ài de xiǎo gǒu ɑ!

Zhìliáng：Nǐ yě xǐhuan gǒu ma? wǒ yě tèbié xǐhuan gǒu，dànshì wǒ bù xǐhuan māo. Duì le，wǒ háishì shǔ gǒu de ne!

Yīngzhū：Nǐ zhīdào wǒmen Hánguó zuì yǒumíng de gǒu shì shénme ma?

Zhìliáng：Hái zhēn bù zhīdào，shuōshuo kàn!

Yīngzhū：Shì Zhēndǎoquǎn! Zhēndǎo shì Hánguó de xī-nán bù de yí gè xiǎo dǎo.

Zhìliáng：Nà Zhēndǎoquǎn yídìng shì hěn piàoliang de gǒu bɑ?

Yīngzhū：Nà dào bú shì.Tāmen kàn shangqu hěn pǔtōng.Dànshì，Zhēndǎoquǎn duì zhǔrén tèbié zhōngchéng! Yǐqián yǒu yí gè jiào Xiǎobái de Zhēndǎoquǎn，wèile huídào zhǔrén hé māmɑ de shēnbiān，yòngle 7 gè yuè，cóng Dàtián zǒu huí jiāxiāng Zhēndǎo，300 gōnglǐ ɑ!

Zhìliáng：Guàibude nǐmen Hánguórén zhème xǐhuan Zhēndǎoquǎn ɑ!

새 단어

LS 1-2

No.	단어	품사	병음	뜻	Level
1	可爱	형	kě'ài	귀엽다	3
2	特别	부	tèbié	매우, 특별히	3
3	属	동	shǔ	~띠에 속하다	
4	西南部		xī-nán bù	서남부	
5	(小)岛	명	(xiǎo)dǎo	(작은) 섬	5
6	倒	부	dào	오히려, 도리어	5
7	普通	형	pǔtōng	보통, 보통이다	3
8	主人	명	zhǔrén	주인	5
9	忠诚	형	zhōngchéng	충성스럽다	6
10	以前	명	yǐqián	이전, 예전	3
11	为了	개	wèile	~하기 위하여	3
12	用	동	yòng	사용하다	3
13	大田	고유	Dàtián	대전	
14	家乡	명	jiāxiāng	고향	5
15	公里	양	gōnglǐ	킬로미터	4
16	怪不得	부	guàibude	어쩐지	5

해설

1. 好+형용사+~啊!

"好+형용사+~啊!"의 형식은 형용하고자 하는 정도가 심함을 나타내며, 감탄의 어조를 표현합니다. 啊는 문장의 맨 뒤에 붙입니다.

(1) 好可爱的小狗啊!

Hǎo kě'ài de xiǎo gǒu ɑ!

너무 너무 귀여운 강아지다!

(2) 那个女孩子的头发好黑啊!

Nà gè nǚháizi de tóufa hǎo hēi ɑ!

저 여자애, 머리카락이 정말 까맣구나!

(3) 今天这里好热闹啊!

Jīntiān zhèli hǎo rènao a!.

오늘 여기 진짜 시끌벅적하다!

· 头发	명	tóufa	머리카락	3
· 热闹	형	rènao	시끌벅적하다	4

2. 说说看!

"말해봐!"라는 표현입니다. 1음절 동사를 중첩한 후 "看"을 붙여서, "~을 시도해보다" 라는 뜻을 나타냅니다.

(1) 还真不知道，说说看!

Hái zhēn bù zhīdào，shuōshuo kàn!

정말 모르겠는데, 말해봐!

(2) 你尝尝看。

Nǐ chángchang kàn.

너 맛 좀 봐봐.

(3) 让我想想看。

Ràng wǒ xiǎngxiang kàn.

내가 생각 좀 해볼게. (시간을 줘.)

· 尝	동	cháng	맛을 보다	4

3. 倒

倒(dào)는 굳이 번역하자면, “오히려, 도리어, 의외로”라고 할 수 있겠지만, 번역하지 않는 것이 자연스러울 때가 많습니다. 부정형 문장에서 부정의 어조를 약하게 하는 역할을 하며, 倒를 사용하지 않을 경우, 부정어조가 훨씬 강해집니다.

(1) ——那珍岛犬一定是很漂亮的狗吧?

Nà Zhēndǎoquǎn yídìng shì hěn piàoliang de gǒu ba?

그럼, 진돗개는 분명 아주 예쁜 개겠구나?

——那倒不是。

Nà dào bú shì.

그건 꼭 그렇진 않아.

(2) ——你说他不肯去?

Nǐ shuō tā bù kěn qù?

네 말은 그가 가고 싶어 하지 않는다는 뜻이니?

——那倒不一定。

Nà dào bù yídìng.

그건 확실한 건 아니고.

(3) 周末去爬爬山，游游泳，倒挺有意思。

Zhōumò qù pápa shān, yóuyou yǒng, dào tǐng yǒu yìsi.

주말에 등산도 가고, 수영도 하고, 의외로 꽤 재미있어.

· 肯	조동	kěn	기꺼이~하다	
· 周末	명	zhōumò	주말	3
· 爬山	동	pá shān	등산하다	3
· 挺	부	tǐng	퍽, 꽤, 아주	4

4. 怪不得

"어쩐지". "~한 게 이상할 게 없다"라는 의미로, 발생한 일의 원인이나 이유를 명확히 알게 되어, 사실은 당연한 결과라는 것을 알았을 때 사용할 수 있는 부사입니다.

(1) 怪不得你们韩国人这么喜欢珍岛犬啊!

Guàibude nǐmen Hánguórén zhème xǐhuan Zhēndǎoquǎn ɑ!

어쩐지 너희 한국인들이 그렇게도 진돗개를 좋아하더라니.

(2) 下雪了，怪不得这么冷!

Xiàxuě le，guàibude zhème lěng.

눈 온다, 어쩐지 이렇게 춥더라니.

(3) 怪不得她这几天这么高兴，原来有了男朋友。

Guàibude tā zhè jǐ tiān zhème gāoxìng，yuánlái yǒule nánpéngyou.

어쩐지 그녀가 요 며칠 그렇게나 신나 하더니만, 실은 남자친구가 생긴 거였군.

듣기와 말하기 연습

LS 1-3

1 잘 듣고 그대로 말해보세요.

1.
2.
3.
4.
5.

2 문제를 듣고 대답해 보세요.

1.
2.
3.
4.

3 다음 질문에 대답해 보세요.

1. 韩国人为什么特别喜欢珍岛犬?
2. 请讲讲小白的故事。

H S K 연 습 문 제

【 듣기영역 】

LS 1-4

• 듣기의 모든 문항은 두 번씩 들려드립니다.

1번 - 5번. 대화내용을 잘 듣고 관계있는 그림을 고르세요.

예 男：喂，请问张经理在吗？

女：他正在开会，您半个小时以后再打，好吗？ ____E____

A

B

C

D

E

F

1. (　　)

2. (　　)

3. ( )

4. ( )

5. ( )

6번－10번. 문장을 잘 듣고, 제시된 내용이 맞으면 √, 틀리면 X를 괄호 안에 표시하세요.

예 为了让自己更健康，他每天都花一个小时去锻炼身体。

★ 他希望自己很健康。 (√)

今天我想早点儿回家。看了看表，才5点，过了一会儿再看表，还是5点，我这才发现我的手表不走了。

★ 那块手表不是他的。 (X)

6. ★ 他长得很像中国人。 ( )
7. ★ 他不喜欢在宿舍学习，因为宿舍很吵。 ( )
8. ★ 妻子不想买汽车。 ( )
9. ★ 他今天心情不好。 ( )
10. ★ 明天是周末。 ( )

11번－13번. 대화를 잘 듣고 질문에 맞는 답을 고르세요.

예 男：小王，帮我开一下门，好吗？谢谢！

女：没问题，您去超市了？买了这么多东西。

问：男的想让小王做什么？

A 开门 √ B 拿东西 C 去超市买东西

11. A 白色 B 黑色 C 灰色
12. A 报纸 B 小说 C 画报
13. A 旅游 B 工作 C 学习

14번 – 16번. 대화를 잘 듣고 질문에 맞는 답을 고르세요.

(예) 女：晚饭做好了，准备吃饭了。

男：等一会儿，比赛还有三分钟就结束了。

女：快点儿吧，一起吃，菜凉了就不好吃了。

男：你先吃，我马上就看完了。

问：男的在做什么？

A 洗澡 B 吃饭 C 看电视 √

14. A 医院 B 电影院 C 办公室

15. A 1班 B 2班 C 3班

16. A 娜娜 B 孩子 C 小王

【 말하기영역 】

17번 – 21번. 잘 듣고 그대로 말해보세요.

17.

18.

19.

20.

21.

22번. 그림을 보고 2분 동안 준비하여 5문장 이상의 길이로 설명하세요. 준비시간이 끝나기 1분 전에 알림음이 나옵니다.

23번. 2분 동안 준비하여 다음 질문에 5문장 이상의 길이로 대답하세요. 준비시간이 끝나기 1분 전에 알림음이 나옵니다.

请说说你对"一边上学一边打工"的看法。

第2课 今年我20岁了

Jīnnián wǒ 20 suì le

제2과 올해 난 스무 살이다!

핵심표현

1. 听说你就要去仁川上大学了。
2. 我打算2月26号去。
3. 这么巧啊!
4. 什么时候出发啊?

第 2 课　今年我20岁了

Jīnnián wǒ 20 suì le

会 话

LS 2-1

廷伊：喂，是美爱吗？我是廷伊。

美爱：好长时间没见了，廷伊！听说你就要去仁川上大学了。什么时候出发啊？

廷伊：3月1号开学，我打算2月26号去。还有一件事，3月1号是我的20岁生日呢！

美爱：真的？这么巧啊！先祝你生日快乐！

廷伊：谢谢！今年的生日，我想提前过。下星期五下午，你有时间吗？ 我想请你来我家，咱们几个高中同学也来。大家一起玩玩吧！

美爱：好啊！我也很想在上大学以前，见见咱们的老同学呢！

廷伊：那下星期五下午5点，你来我家吧。我们先跟我爸爸妈妈一起吃饭，他们还给我买了一个大大的生日蛋糕呢。吃完饭，咱们一起去酒吧喝点儿啤酒，再去KTV唱唱歌，怎么样？

美爱：太好了！我们现在长大了，可以去酒吧喝酒了！

廷伊：是啊，别忘了带身份证啊！

Tíngyī：Wèi，shì Měi'ài ma? Wǒ shì Tíngyī.

Měi'ài：Hǎo cháng shíjiān méi jiàn le，Tíngyī! Tīngshuō nǐ jiù yào qù Rénchuān shàng dàxué le.Shénme shíhou chūfā a?

Tíngyī：3 yuè 1 hào kāixué，wǒ dǎsuàn 2 yuè 26 hào qù.Hái yǒu yí jiàn shì，3 yuè 1 hào shì wǒ de 20 suì shēngrì ne!

Měi'ài：Zhēn de? Zhème qiǎo ɑ! Xiān zhù nǐ shēngrì kuàilè!

Tíngyī：Xièxie!Jīnnián de shēngrì，wǒ xiǎng tíqián guò. Xià xīngqīwǔ xiàwǔ，nǐ yǒu shíjiān ma? Wǒ xiǎng qǐng nǐ lái wǒ jiā，zánmen jǐgè gāozhōng tóngxué yě lái. Dàjiā yìqǐ wánwan bɑ!

Měi'ài：Hǎo ɑ! Wǒ yě hěn xiǎng zài shàng dàxué yǐqián，jiànjian zánmen de lǎo tóngxué ne!

Tíngyī：Nà xià xīngqīwǔ xiàwǔ 5 diǎn，nǐ lái wǒ jiā bɑ.Wǒmen xiān gēn wǒ bàbɑ māmɑ yìqǐ chī fàn，tāmen hái gěi wǒ mǎile yí gè dàdà de shēngrì dàngāo ne.Chī wán fàn，zánmen yìqǐ qù jiǔbā hē diǎnr píjiǔ，zài qù KTV chàng-changgē，zěnmeyàng?

Měi'ài：Tài hǎo le! Wǒmen xiànzài zhǎng dà le，kěyǐ qù jiǔbā hē jiǔ le!

Tíngyī：Shì a，bié wàngle dài shēnfènzhèng ɑ!

새 단어

LS 2-2

1	出发	동	chūfā	출발하다	4
2	开学	동	kāixué	개학하다	
3	打算	동	dǎsuàn	~할 계획이다	3
4	这么	대	zhème	이렇게	
5	巧	형	qiǎo	공교롭다	
6	祝	동	zhù	축하하다	3
7	提前	동	tíqián	(시간, 일정을)앞당기다	4
8	请	동	qǐng	요청하다, 초대하다	4
9	咱们	대	zánmen	우리	4
10	老同学		lǎo tóngxué	오랜 친구, 급우	
11	先……再……		xiān…zài…	먼저…그리고나서…	
12	(동사+)完		wán	~을 마치다	
13	忘	동	wàng	잊다	3
14	带	동	dài	지니다, 휴대하다	3
15	身份证	명	shēnfènzhèng	신분증	5
16	仁川	고유	Rénchuān	인천	

해설

1. 听说

듣자 하니. 다른 사람에게서 전해들은 말을 할 때 사용하는 간접화법으로, 조사了、过를 붙일 수 있습니다. 문장 첫머리나 문장 중간에서 서술어나 삽입어로 사용되기도 합니다.

(1) 听说你就要去仁川上大学了。

Tīngshuō nǐ jiù yào qù Rénchuān shàng dàxué le.

너 곧 인천에 가서 대학에 입학한다고 들었어. (삽입어, 문장 첫머리)

(2) 孩子们都听说过白雪公主的故事。

Háizimen dōu tīngshuōguo Báixuě Gōngzhǔ de gùshi.

아이들이라면 모두 백설공주 이야기를 들어보았다. (서술어)

(3) 这个大学听说很有名。

zhègè dàxué tīngshuō hěn yǒumíng

이 대학은 아주 유명하다고 들었다. (삽입어, 문장 중간)

· 白雪公主	고유	Báixuě Gōngzhǔ	백설공주	
· 故事	명	gùshi	이야기	3
· 有名	형	yǒumíng	유명하다	3

2. 打算

동사로서, "고려하다, 계획을 세우다"라는 뜻입니다. 조사 "着、了、过"를 붙일 수 있으며, 중첩형도 가능합니다. 명사로 쓰일 때는 "생각, 계획" 등의 의미를 가집니다.

(1) 我打算2月26号去。

Wǒ dǎsuàn 2 yuè 26 hào qù.

나는 2월 26일에 갈 계획이다.

(2) 快上大学了，很多事你都要打算打算。

Kuài shàng dàxué le, hěn duō shì nǐ dōu yào dǎsuàn dǎsuàn.

곧 대학에 입학하니, 너는 많은 일들을 모두 잘 생각해야 한다.(동사의 중첩형)

(3) 我明年第一个打算就是去中国旅行。

Wǒ míngnián dì-yí gè dǎsuàn jiùshì qù Zhōngguó lǚxíng.

나의 내년의 가장 중요한 계획은 중국 여행을 가는 것이다.(명사)

3. 这么+동사/형용사

"이렇게(나) ~하다"의 의미로, 약간의 과장의 의미가 있습니다. 동사나 형용사를 더욱 생동감 있게 표현할 때 사용합니다.

(1) 这么巧啊!

Zhème qiǎo a!

이렇게 공교로울 수가!

(2) 今天怎么这么热闹!

Jīntiān zěnme zhème rènào.

오늘은 어쩜 이리도 더운 거야!

(3) 这么长(的)时间没收到他的信了。

Zhème cháng(de) shíjiān méi shōudào tā de xìn le.

이렇게나 긴 시간 동안 그의 편지를 받지 못했다.

4. "啊" 的音变

"啊"는 구어체에서 어조를 부드럽게 하기 위해 사용되며 특별한 의미는 없습니다. 앞 음절의 영향을 받아 자연스럽게 음의 변화가 발생합니다.

(1) 什么时候出发啊?

Shénme shíhou chūfā a?(ya)

언제 출발하는데?

(2) 好啊!

Hǎo a!(wa)

좋아!

(3) 别忘了带身份证啊!

Bié wàngle dài shēnfènzhèng a!(nga)

신분증 가져오는 거 잊지 마!

듣기와 말하기 연습

LS 2-3

1 잘 듣고 그대로 말해보세요.

1.
2.
3.
4.
5.

2 문제를 듣고 대답해 보세요.

1.
2.
3.
4.
5.

3 다음 질문에 대답해 보세요.

请说说下星期五，廷伊打算做什么?

HSK 연습문제

【 듣기 영역 】

LS 2-4

• 듣기의 모든 문항은 두 번씩 들려드립니다.

1번－5번. 대화내용을 잘 듣고 관계있는 그림을 고르세요.

(예) 男：喂，请问张经理在吗？

女：他正在开会，您半个小时以后再打，好吗？ ____E____

A

B

C

D

E

F

1. ( )
2. ( )
3. ( )
4. ( )
5. ( )

6번－10번. 들려주는 문장을 잘 듣고, 제시된 내용이 맞으면 √, 틀리면 X를 괄호 안에 표시하세요.

예 为了让自己更健康，他每天都花一个小时去锻炼身体。

★ 他希望自己很健康。 (√)

今天我想早点儿回家。看了看表，才5点，过了一会儿再看表，还是5点，我这才发现我的手表不走了。

★ 那块手表不是他的。 (X)

6. ★ 我找到他很容易。 ( )
7. ★ 我在北京已经很长时间了。 ( )
8. ★ 我听老徐说你很能干。 ( )
9. ★ 下雨的时候我想去爬山。 ( )
10. ★ 这件衣服她非常满意。 ( )

11번－13번. 대화를 잘 듣고 질문에 맞는 답을 고르세요.

예 男：小王，帮我开一下门，好吗？谢谢！

女：没问题，您去超市了？买了这么多东西。

问：男的想让小王做什么？

A 开门 √ B 拿东西 C 去超市买东西

11. A　商店　　B　饭店　　C　超市

12. A　今年　　B　明年　　C　去年

13. A　打电话　　B　下楼　　C　找人

14번－16번. 대화를 잘 듣고 질문에 맞는 답을 고르세요.

예 女：晚饭做好了，准备吃饭了。

男：等一会儿，比赛还有三分钟就结束了。

女：快点儿吧，一起吃，菜凉了就不好吃了。

男：你先吃，我马上就看完了。

问：男的在做什么?

A　洗澡　　B　吃饭　　C　看电视 √

14. A　旅游　　B　回国　　C　学习

15. A　2757-1160　　B　2757-1120　　C　2557-1120

16. A　电影　　B　眼镜　　C　地图

【 말하기 영역 】

17번－21번. 잘 듣고 그대로 말해보세요.

17.

18.

19.

20.

21.

22번. 그림을 보고 2분 동안 준비하여 5문장 이상의 길이로 설명하세요. 준비시간이 끝나기 1분 전에 알림음이 나옵니다.

23번. 2분 동안 준비하여 다음 질문에 5문장 이상의 길이로 대답하세요. 준비시간이 끝나기 1분 전에 알림음이 나옵니다.

请谈谈你对环境保护有什么看法和建议。

第3课 奥运会趣闻

Àoyùnhuì qùwén

제 3 과 올림픽 에피소드

핵 심 표 현

1. 真(是)了不起!
2. 哈哈……竟然有这样的事!
3. 竟然忘了自己家里的地址!
4. 一定有这一天!

第3课　奥运会趣闻

Àoyùnhuì qùwén

会话

LS 3-1

佳英：知道吗？我们韩国江原道的平昌成功地申请到了2018年的冬奥会！

王明：我也看到新闻了！祝贺你们！韩国1988年办了夏季奥运会，30年后，奥运会又来到韩国！你们02年还办了世界杯，真是了不起！

佳英：我们韩国人也都很高兴！

王明：听说在奥运会的历史上，有很多很有趣的故事呢。曾经有一个马拉松运动员，比赛的时候累了，竟然在一个观众家里睡了一晚上，第二天才回到住处！

佳英：哈哈……竟然有这样的事！不知道2018年，在韩国会发生什么有趣的事呢！

王明：对啊！北京08年也举办了奥运会，我也真希望有一天，冬奥会、世界杯也都能来中国。

佳英：一定有这一天！我相信你们！

Jiāyīng：Zhīdào ma? Wǒmen Hánguó Jiāngyuán Dào de Píngchāng chénggōng de shēnqǐng dào le 2018 nián de Dōng'àohuì!

Wáng Míng：Wǒ yě kàn dào xīnwén le! Zhùhè nǐmen! Hánguó 1988 nián bànle Xiàjì Àoyùnhuì, 30 nián hòu, Àoyùnhuì yòu lái dào Hánguó! Nǐmen 02 nián hái bànle Shìjièbēi, zhēn shì liǎobuqǐ!

Jiāyīng：Wǒmen Hánguórén yě dōu hěn gāoxìng!

Wáng Míng：Tīngshuō zài Àoyùnhuì de lìshǐ shàng, yǒu hěn duō hěn yǒuqù de gùshi ne. Céngjīng yǒu yí gè Mǎlāsōng yùndòngyuán, bǐsài de shíhou lèi le, jìngrán zài yí gè guānzhòng jiā lǐ shuìle yì wǎnshang, dì-èr tiān cái huí dào zhùchù!

Jiāyīng：Hāhā…jìngrán yǒu zhèyàng de shì! Bù zhīdào 2018 nián, zài Hánguó huì fāshēng shénme yǒuqù de shì ne!

Wáng Míng：Duì a! Běijīng 08 nián yě jǔbànle Àoyùnhuì, Wǒ yě zhēn xīwàng yǒu yì tiān, Dōng'àohuì、Shìjièbēi yě dōu néng lái Zhōngguó.

Jiāyīng：Yídìng yǒu zhè yì tiān! Wǒ xiāngxìn nǐmen!

새 단어

LS 3-2

1	江原道	고유	Jiāngyuán Dào	강원도	
2	平昌	고유	Píngchāng	평창	
3	成功	형	chénggōng	성공, 성공하다	4
4	申请	동	shēnqǐng	신청하다	4
5	冬奥会	고유	Dōng'àohuì	동계 올림픽	
6	新闻	명	xīnwén	뉴스	3
7	祝贺	동	zhùhè	축하하다	4
8	(举)办	동	(jǔ)bàn	주관하다, 치르다	3
9	夏季	명	xiàjì	하계	3
10	世界杯	고유	Shìjièbēi	월드컵	
11	了不起	형	liǎobuqǐ	대단하다	5
12	历史	명	lìshǐ	역사	3
13	有趣	형	yǒuqù	재미있다	4
14	曾经	부	céngjīng	예전에	5
15	竟然	부	jìngrán	의외로, 뜻밖에도	4
16	希望	동	xīwàng	바라다, 희망하다	2
17	一定	부	yídìng	반드시, 꼭	3
18	相信	동	xiāngxìn	믿다	3

해설

1. 了不起

형용사로서 "대단하다, 훌륭하다"라는 뜻입니다.

(1) 你们02年还办了世界杯，真(是)了不起!

Nǐmen 02 nián hái bànle Shìjièbēi, zhēn(shì) liǎobuqǐ!

너희는 2002년에 월드컵도 치뤄 냈잖아, 정말 대단해!

(2) 学了这么一点点，就觉得自己了不起了?

Xuéle zhème yìdiǎndiǎn, jiù juéde zìjǐ liǎobuqǐ le?

겨우 이 정도 배우고 나서, 자기가 대단하다고 생각하는 거야?

(3) 他这么小的年龄就会说好几种语言，真是一件了不起的事。

Tā zhème xiǎo de niánlíng jiù huì shuō hǎo jǐ zhǒng yǔyán, zhēn shì yí jiàn liǎobuqǐ de shì.

그는 이렇게 어린데 벌써 몇 개 국어를 할 줄 알다니, 정말 대단한 일이군.

2. 감탄사와 의성어

감탄사에는 "啊、哦、咦、唉、哼、哎呀…"등이 있고, 주로 여러 가지 어조나 감정, 태도 등을 나타냅니다. 의성어는 소리를 표현하는 단어를 말하며, "哈哈、哗啦啦、叽叽嘎嘎…" 등이 있습니다.

(1) 哈哈……竟然有这样的事!

Hāhā…jìngrán yǒu zhèyàng de shì!

하하……놀랍게도 그런 일이 있었군!

(2) 唉，说起这件事我就难过。

Āi, shuō qi zhè jiàn shì wǒ jiù nánguò.

에휴, 이 일을 떠올리자니, (난) 또 슬퍼지는군.

(3) 哎呀，我忘了！这怎么办啊！

Āiyā，wǒ wàng le! Zhè zěnme bàn a!

아이쿠, 잊어버렸네! 이걸 어쩐다지?

3. 竟然

부사로서, “의외로, 놀랍게도, 예상 밖에” 등의 의미를 나타냅니다. 비슷한 말로 居然이 있습니다.

(1) 他真的喝多了！竟然忘了自己家里的地址!

Tā zhēnde hē duō le! Jìngrán wàngle zìjǐ jiā lǐ de dìzhǐ!

그 사람 정말 취했네! 어쩜 자기 집 주소도 잊어버릴 수가 있나!

(2) 这么大的工程，竟然两年就完成了。

Zhème dà de gōngchéng，jìngrán liǎng nián jiù wánchéng le.

이렇게 큰 공사를, 예상 외로 2년 만에 완성하였다.

(3) 竟然有这样的事!

Jìngrán yǒu zhèyàng de shì!

놀랍게도 이런 일이 있었군!

4. 一定

“반드시, 꼭”, “분명, 틀림없이”의 뜻을 가진 부사로서, 꼭 이루겠다는 강한 의지 혹은 의심할 여지없는 확신을 나타냅니다.

(1) 一定有这一天! 我相信你们!

Yídìng yǒu zhè yì tiān! Wǒ xiāngxìn nǐmen!

반드시 그런 날이 있을 거야! 난 너희를 믿어!

(2) 听说他病了，咱们下了班一定要去医院看看他。

Tīngshuō tā bìng le，zánmen xiàle bān yídìng yào qù yīyuàn kànkan tā.

그 사람 아프다던데, 우리 퇴근 후에 꼭 그에게 병문안을 가도록 하자.

(3) 有你的帮助，我一定能做完。

Yǒu nǐ de bāngzhù，wǒ yídìng néng zuò wán.

네가 도와주니까, 난 분명히 해낼 수 있을 거야.

듣기와 말하기 연습

LS 3-3

1 잘 듣고 그대로 말해 보세요.

1.
2.
3.
4.
5.

2 문제를 듣고 대답해 보세요.

1.
2.
3.

3 다음 질문에 대답해 보세요.

请讲讲课文中说的那件奥运会趣事。

HSK 연습문제

【 듣기영역 】

LS 3-4

- 듣기의 모든 문항은 두 번씩 들려드립니다.

1번－5번. 대화내용을 잘 듣고 관계있는 그림을 고르세요.

예 男：喂，请问张经理在吗?

女：他正在开会，您半个小时以后再打，好吗？ ____E____

A 

B 

C 

D 

E 

F 

1. (　　)
2. (　　)
3. (　　)
4. (　　)

5.　　　　　　　　　　　　　　　　　(　　)

6번－10번. 들려주는 문장을 잘 듣고, 제시된 내용이 맞으면 √, 틀리면 X를 괄호 안에 표시하세요.

예 为了让自己更健康，他每天都花一个小时去锻炼身体。

★ 他希望自己很健康。　　　　　　　　(√)

今天我想早点儿回家。看了看表，才5点，过了一会儿再看表，还是5点，我这才发现我的手表不走了。

★ 那块手表不是他的。　　　　　　　　(X)

6. ★ 天气预报真准。　　　　　　　　(　)
7. ★ 杜克迟到是因为起晚了。　　　　(　)
8. ★ 昨天他的包丢了。　　　　　　　(　)
9. ★ 小朋友在河里跑来跑去。　　　　(　)
10. ★ 廷伊去机场接杜克。　　　　　　(　)

11번－13번. 대화를 잘 듣고 질문에 맞는 답을 고르세요.

예 男：小王，帮我开一下门，好吗？谢谢!

女：没问题，您去超市了？买了这么多东西。

问：男的想让小王做什么？

A　开门 √　　B　拿东西　　C　去超市买东西

11. A　去超市　　B　等人　　C　买东西
12. A　结婚了　　B　没结婚　　C　还是孩子
13. A　不喝酒　　B　白酒　　C　啤酒

14번 – 16번. 대화를 잘 듣고 질문에 맞는 답을 고르세요.

예 女：晚饭做好了，准备吃饭了。

男：等一会儿，比赛还有三分钟就结束了。

女：快点儿吧，一起吃，菜凉了就不好吃了。

男：你先吃，我马上就看完了。

问：男的在做什么？

A 洗澡 B 吃饭 C 看电视 √

14. A 去车站 B 去前面 C 去故宫

15. A 一年 B 两年 C 一年半

16. A 6:00 B 6:30 C 7：00

【 말하기 영역 】

17번 – 21번. 잘 듣고 그대로 말해보세요.

17.

18.

19.

20.

21.

22번. 그림을 보고 2분 동안 준비하여 5문장 이상의 길이로 설명하세요. 준비시간이 끝나기 1분 전에 알림음이 나옵니다.

23번. 2분 동안 준비하여 다음 질문에 5문장 이상의 길이로 대답하세요. 준비시간이 끝나기 1분 전에 알림음이 나옵니다.

你最喜欢什么运动? 为什么?

第4课　另类的情人节

Lìnglèi de Qíngrén Jié

제 4 과　특별한 발렌타인데이

핵 심 표 현

1. 差点儿
2. 真是的!
3. 好不容易
4. 口水都快流出来了

第 4 课 另类的情人节

Lìnglèi de Qíngrén Jié

会 话

LS 4-1

小张：小林，看你急的，这是要去哪儿啊?

小林：明天就是“情人节”了，我去超市给男朋友买巧克力啊。小张，你都买好了吗?

小张：天啊! 你不说我差点儿忘了。

小林：你呀，真是的! 这么重要的事怎么能忘? 你难道这么快就忘了去年4月14号咱们俩一起穿着黑衣服去吃炸酱面的事了吗?

小张：是啊，怎么能忘呢! 痛苦的回忆啊。好不容易才找了这么帅的男朋友，又是第一次一起过节日，一定要好好庆祝一下。

小林：对! 明天好好过节，下个月14号你就可以收到回赠礼物：各种各样又甜又好吃的糖或者别的什么好吃的。

小张：我的口水都快要流出来了。

小林：那咱们一块儿去超市买吧。还可以互相商量商量。

小张：好啊! 你等我收拾一下，马上出发。

Xiǎo Zhāng：Xiǎo Lín, kàn nǐ jí de, zhè shì yào qù nǎr a?

Xiǎo Lín：Míngtiān jiù shì “Qíngrén Jié”le, wǒ qù chāoshì gěi nánpéngyou mǎi qiǎokèlì a. Xiǎo Zhāng, nǐ dōu mǎi hǎo le ma?

Xiǎo Zhāng：Tiān ɑ! Nǐ bù shuō wǒ chàdiǎnr wàng le.

Xiǎo Lín：Nǐ yā, zhēn shì de! Zhème zhòngyào de shì zěnme néng wàng? Nǐ nándào zhème kuài jiù wàngle qùnián 4 yuè 14 hào zánmen liǎ yìqǐ chuānzhe hēi yīfu qù chī zhájiàngmiàn de shì le ma?

Xiǎo Zhāng：Shì a, zěnme néng wàng ne! Tòngkǔ de huíyì a.Hǎo bù róngyì cái zhǎole zhème shuài de nánpéngyou, yòu shì dì-yī cì yìqǐ guò jiérì, yídìng yào hǎohǎo qìngzhù yíxià.

Xiǎo Lín：Duì! Míngtiān hǎohǎo guò jié, xià gè yuè 14 hào nǐ jiù kěyǐ shōu dào huízèng lǐwù：gèzhǒng-gèyàng yòu tián yòu hǎochī de táng huòzhě biéde shénme hǎochī de.

Xiǎo Zhāng：Wǒ de kǒushuǐ dōu kuàiyào liú chulai le.

Xiǎo Lín：Nà zánmen yíkuàir qù chāoshì mǎi bɑ.Hái kěyǐ hùxiāng shāngliang shāngliang.

Xiǎo Zhāng：Hǎo ɑ! Nǐ děng wǒ shōushi yíxià, mǎshàng chūfā.

새 단어

LS 4-2

1	另类	형	lìnglèi	특별하다	
2	情人节	고유	Qíngrén Jié	발렌타인데이	
3	巧克力	명	qiǎokèlì	초콜릿	4
4	差点儿	부	chàdiǎnr	하마터면, 가까스로	
5	难道	부	nándào	설마	4
6	炸酱面	명	zhájiàngmiàn	짜장면	
7	痛苦	형	tòngkǔ	아프다, 고통스럽다	5
8	回忆	명	huíyì	추억	4
9	好不容易		hǎo bù róngyì	겨우겨우, 가까스로	
10	帅	형	shuài	잘생겼다	4
11	庆祝	동	qìngzhù	축하하다	5
12	回赠	동	huízèng	보답선물을 하다	6
13	礼物	명	lǐwù	선물	3
14	各种各样		gèzhǒng-gèyàng	각종, 각양각색의	4
15	口水	명	kǒushuǐ	침	3
16	流	동	liú	흐르다	4
17	商量	동	shāngliang	의논하다, 상의하다	4
18	收拾	동	shōushi	정리하다, 수습하다	4
19	马上	부	mǎshàng	곧, 바로, 금방	3

해설

1. 真是(的)!

우리말의 “너도 참!(너무 했다, 어떻게 그럴 수가 있니…)”과 같습니다. 상대방이 한 일이나 언행에 대하여 질책을 하는 의미로 쓰입니다.

(1) 你呀，真是的! 这么重要的事怎么能忘?

Nǐ yā，zhēn shì de! Zhème zhòngyào de shì zěnme néng wàng?

너도 참! 이렇게 중요한 일을 어떻게 잊어버릴 수가 있니?

(2) 他怎么还不来，真是的!

Tā zěnme hái bù lái，zhēn shì de!

그 사람 어떻게 아직도 안 오니, 참나!

(3) 真是，你这样做太不应该了!

Zhēn shì，nǐ zhèyàng zuò tài bù yīnggāi le!

진짜, 너 이렇게 하는 거 너무 하는 거야!(이렇게 하면 정말 안 되는 거야!)

2. 差点儿

동사 앞에서 부사로 쓰여서 “거의~할 뻔 했다”의 뜻으로 쓰입니다. 바라는 일인지의 여부에 따라서 “가까스로~했다”, “하마터면~할 뻔했다”의 뜻으로 달리 해석됩니다. 벌어질 뻔했으나 벌어지지 않은 일, 또는 어렵사리 이루어진 일에 쓰입니다.

a) 긍정문에서는 대부분 바라지 않는 일을 말하고, 확률은 적지만 가끔은 바라는 일에 쓰이기도 합니다.

(1) 天啊! 你不说我差点儿忘了。

Tiān ɑ! Nǐ bù shuō wǒ chàdiǎnr wàng le.

맙소사! 네가 말하지 않았으면 난 하마터면 잊어버릴 뻔 했다.

(2) 昨天我差点儿摔倒。

Zuótiān wǒ chàdiǎnr shuāi dǎo.

어제 난 하마터면 넘어질 뻔 했다.

b) 부정형으로 부정부사인 "没、没有"가 쓰였을 때, 그 일이 바라지 않는 일이라면, 의미는 긍정과 같습니다.

(3) 差点儿摔倒 ＝ 差点儿没摔倒

chàdiǎnr shuāi dǎo. = chàdiǎnr méi shuāi dǎo.

하마터면 넘어질 뻔 했다 = 가까스로 넘어지지 않았다.(모두 넘어지지 않았음을 의미함)

그 일이 바라던 일이라면, 의미는 긍정과 반대입니다.

(4) 我差点儿买到了票。 ≠ 我差点儿没买到票。

Wǒ chàdiǎnr mǎi dào le piào. ≠ Wǒ chà diǎnr méi mǎi dào piào.

나는 표를 살 뻔 했는데.(사실은 사지 못함.) ≠ 나는 하마터면 표를 못 살 뻔 했다.(사실은 샀음.)

· 摔倒	동	shuāi dǎo	넘어지다	5

3. 好不容易

여기에서의 "好"는 부사로 쓰여서, 정도가 심함을 나타냅니다. 뒤에 형용사가 올 때, 종종 감탄의 어조를 표현합니다. 어떤 이음절 형용사는 "好不"를 썼을 때와 "好"를 썼을 때의 의미가 같을 때도 있는데, 예를 들어, "好容易"와 "好不容易"는 뜻이 같고, 모두 "가까스로, 겨우겨우"의 의미를 갖습니다. 뒤에 대부분 "才"(비로소)를 연결하여 사용합니다.

(1) 好不容易才找了这么帅的男朋友。＝好容易才找了这么帅的男朋友。

Hǎo bù róngyì cái zhǎole zhème shuài de nánpéngyou. =Hǎo róngyì cái zhǎole zhème shuài de nánpéngyou.

겨우겨우 이렇게 멋진 남자친구를 사귀게 되었다.

(2) 找了半天，好容易(好不容易)才找到他。

Zhǎole bàntiān, hǎo róngyì (hǎo bù róngyì) cái zhǎo dào tā.

한나절이나 찾아 헤매고서야, 가까스로 그를 찾아내었다.

(3) 市场上好不热闹。=市场上好热闹。

Shìchăng shàng hăo bú rènao.=Shìchăng shàng hăo rènao.

시장은 정말이지 매우 시끌벅적하다.

· 市场	명	shìchăng	시장	4

4. 我的口水都(快)要流出来了

관용어로 우리말의 "침이 고인다, 침이 뚝뚝 떨어지려고 한다"와 같습니다. 어떤 음식을 너무 먹고 싶을 때, 또는 정말 좋아하는 어떤 물건을 보고서, 너무 갖고 싶다는 표현을 할 때 과장해서 쓰는 말입니다.

(1) 想起妈妈做的饭，我的口水都快流出来了。这个周末一定要回家!

Xiăngqi māma zuò de fàn, wŏ de kŏushuĭ dōu kuài liú chulai le.Zhè gè zhōumò yídìng yào huíjiā!

엄마가 만든 음식을 상상하니, 입 안에 침이 다 고이네. 이번 주말엔 꼭 집에 가야지!

(2) 看到电视上冰淇淋的广告，她的口水都要流出来了。

Kàn dào diànshì shàng bīngqílín de guănggào, tā de kŏushuĭ dōu yào liú chulai le.

(그녀는) TV에 나오는 아이스크림 광고를 보더니, 침이 뚝뚝 떨어지려고 한다.

(3) 孩子们看到这里有这么多玩具，个个高兴地口水都要流出来了。

Háizimen kàn dào zhèli yŏu zhème duō wánjù, gègè gāoxìng de kŏushuĭ dōu yào liú chulai le.

아이들은 이곳에 이렇게 많은 장난감이 있는 것을 보고는, 다들 신이 나서 침이 뚝뚝 떨어지려고 한다.

· 冰淇淋	명	bīngqílín	아이스크림	
· 广告	명	guănggào	광고	4
· 玩具	명	wánjù	장난감, 완구	5

듣기와 말하기 연습

LS 4-3

1 잘 듣고 그대로 말해보세요.

1.
2.
3.
4.
5.

2 문제를 듣고 대답해 보세요.

1.
2.
3.
4.
5.

3 다음 질문에 대답해 보세요.

1. 去年的4月14号她们两个是怎么过的? 为什么?
2. 她们两个为什么要一块儿去超市?

HSK 연습문제

【 듣기영역 】

LS 4-4

• 듣기의 모든 문항은 두 번씩 들려드립니다.

1번－3번. 대화내용을 잘 듣고 관계있는 그림을 고르세요.

예 男：喂，请问张经理在吗?

女：他正在开会，您半个小时以后再打，好吗?　　　　　C

A 

B 

C 

D 

1.　　　　　　　　　　　(　　)

2.　　　　　　　　　　　(　　)

3.　　　　　　　　　　　(　　)

4번－6번. 들려주는 문장을 잘 듣고, 제시된 내용이 맞으면 √, 틀리면 X를 괄호 안에 표시하세요.

예 为了让自己更健康，他每天都花一个小时去锻炼身体。

★ 他希望自己很健康。　　　　　(√)

今天我想早点儿回家。看了看表，才5点，过了一会儿再看表，还是5点，我这才发现我的手表不走了。

★ 那块手表不是他的。 (X)

4. ★ 他们要一起吃饭，看电影。 (　　)
5. ★ 我刚知道小王结婚了。 (　　)
6. ★ 姐姐先去了飞机场。 (　　)

7번－8번. 대화를 잘 듣고 질문에 맞는 답을 고르세요.

예 男：小王，帮我开一下门，好吗？谢谢！
女：没问题，您去超市了？买了这么多东西。
问：男的想让小王做什么？
A 开门 √　　B 拿东西　　C 去超市买东西

7. A 要开会　　B 想回家　　C 去上课
8. A 图书馆的　　B 我的　　C 朋友的

9번－10번. 대화를 잘 듣고 질문에 맞는 답을 고르세요.

예 女：晚饭做好了，准备吃饭了。
男：等一会儿，比赛还有三分钟就结束了。
女：快点儿吧，一起吃，菜凉了就不好吃了。
男：你先吃，我马上就看完了。
问：男的在做什么？
A 洗澡　B 吃饭　C 看电视 √

9. A 三个　B 两个　C 四个

10. A 老师　B 公司职员　C 大学生

【 말하기영역 】

11번-15번. 잘 듣고 그대로 말해보세요.

11.

12.

13.

14.

15.

16번. 그림을 보고 2분 동안 준비하여 5문장 이상의 길이로 설명하세요. 준비시간이 끝나기 1분 전에 알림음이 나옵니다.

17번. 2분 동안 준비하여 다음 질문에 5문장 이상의 길이로 대답하세요. 준비시간이 끝나기 1분 전에 알림음이 나옵니다.

介绍一下你的家庭。

第5课　韩流来了!

Hánliú lái le!

제 5 과　한류가 왔다!

핵심표현

1. 你说什么!
2. 用不了/要不了
3. 你啊你!

第 5 课　韩流来了!

Hánliú lái le!

会话

LS 5-1

小王：听说韩国的最新超人气组合“少女时代”要开全球巡回演唱会。
　　　下个月中旬要来中国!

小刘：你说什么？别骗我啊!

小王：骗你干吗？不信你自己去网上查查看。

小刘：天啊！太振奋人心了！什么时候，在哪儿开呀？

小王：网上说，还没决定，但是很可能是在上海虹桥体育馆开。

小刘：从咱们这儿坐高铁去上海的话，用不了两个小时就到了吧？

小王：是啊！最多两个小时。现在有高铁真是方便多了。

小刘：咱们可得提前订票啊！到时候没有高铁票就麻烦了。

小王：火车票都只能提前10天预订。现在还有一个多月呢。

小刘：是吗？看来我有点儿激动得过头儿了。

小王：你啊你！就是爱激动。

Xiǎo Wáng : Tīngshuō Hánguó de zuì xīn chāo-rénqì zǔhé “Shàonǚ Shídài”yào kāi quánqiú xúnhuí yǎnchànghuì.Xià gè yuè zhōngxún yào lái Zhōngguó!

Xiǎo Liú : Nǐ shuō shénme? Bié piàn wǒ a!

Xiǎo Wáng : Piàn nǐ gànmá? Bú xìn nǐ zìjǐ qù wǎng shàng chácha kàn.

Xiǎo Liú : Tiān ɑ! Tài zhènfèn-rénxīn le ! Shénme shíhou, zài nǎr kāi ya?

Xiǎo Wáng : Wǎng shàng shuō, hái méi juédìng, dànshì hěn kěnéng shì zài Shànghǎi Tǐyùguǎn kāi.

Xiǎo Liú : Cóng zánmen zhèr zuò gāotiě qù Shànghǎi de huà, yòng bu liǎo liǎng gè xiǎoshí jiù dàole bɑ?

Xiǎo Wáng : Shì ɑ! Zuì duō liǎng gè xiǎoshí.Xiànzài yǒu gāotiě zhēn shì fāngbiàn duō le.

Xiǎo Liú : Zánmen kě děi tíqián dìng piào ɑ! Dào shíhou méiyǒu gāotiě piào jiù máfan le.

Xiǎo Wáng : Huǒchē piào dōu zhǐ néng tíqián 10 tiān yùdìng.Xiànzài hái yǒu yí gè duō yuè ne.

Xiǎo Liú : Shì ma? Kànlái wǒ yǒudiǎnr jīdòng de guòtóur le.

Xiǎo Wáng : Nǐ a nǐ! Jiù shì ài jīdòng.

새 단어

LS 5-2

1	韩流	고유	Hánliú	한류, 한국의 인기 열풍	
2	(超)人气	명	(chāo)rénqì	인기	
3	组合	명	zǔhé	그룹, 팀	5
4	少女时代	고유	Shàonǚ Shídài	소녀시대(가수그룹)	
5	全球	명	quánqiú	세계	
6	巡回	동	xúnhuí	순회하다	
7	演唱会	명	yǎnchànghuì	콘서트	
8	中旬	명	zhōngxún	중순	5
9	骗	동	piàn	속이다	4
10	干吗		gànmá	뭐하러(그럴 이유가 없다)	
11	网(上)	명	wǎng(shàng)	인터넷(공간)	3
12	振奋(人心)	동	zhènfèn(rénxīn)	사람의 마음을 흥분하게 하다	
13	上海体育馆	고유	Shànghǎi Tǐyùguǎn	상하이체육관	
14	高铁	고유	gāotiě	고속열차	
15	订(票)	동	dìng(piào)	표를 예매하다	5
16	麻烦	형	máfan	귀찮다, 번거롭다	4
17	预订	동	yùdìng	예매하다	5
18	激动	동	jīdòng	흥분하다	
19	过头儿	형	guòtóur	일정 한도를 넘다	

해설

1. 你说什么?

"뭐라고?, 너 뭐라는 거야?" 의 의미로, 상대방이 한 말에 대해 의심이나 놀라움을 표현할 때 쓰이는 반문 형식의 감탄문입니다.

(1) 你说什么? 别骗我啊!

Nǐ shuō shénme? Bié piàn wǒ a!

뭐라고? 나 속이지 마.(거짓말하지 마!)

(2) A: 从这里坐车去西藏要两天两夜才能到。

Cóng zhèli zuò chē qù Xīzàng yào liǎng tiān liǎng yè cái néng dào.

여기서 버스 타고 시짱(티베트)에 가려면 이틀 밤낮을 가야만 도착할 수 있어.

B: 你说什么? 两天两夜! 那么长时间怎么熬啊?

Nǐ shuō shénme? Liǎng tiān liǎng yè ! Nàme cháng shíjiān zěnme áo a?

뭐라고? 이틀 밤낮이라고? 그렇게 긴 시간을 어떻게 버티냐?

(3) 你说什么? "她"竟然是个男人?

Nǐ shuō shénme? "Tā" jìngrán shì gè nánrén?

너 뭐라 그랬니? "그녀"가 (의외로) 남자라고?

· 西藏	고유	Xīzàng	시짱(티베트)	
· 夜	명	yè	밤	5
· 熬	동	áo	버티다, 참고 견디다	6

2. 用不了……/要不了……

"…가 채 걸리지 않는다, …조차도 필요 없을 정도로"라는 뜻으로 …부분에 들어가는 일정 시간이나 노력을 들이지 않아도 일이 완성될 수 있음을 표현합니다.

(1) 从咱们这儿坐高铁去上海的话，用不了两个小时就到了吧?

Cóng zánmen zhèr zuò gāotiě qù Shànghǎi de huà, yòng bu liǎo liǎng gè xiǎoshí jiù dàole ba?

우리 여기서 고속열차타고 상하이까지 가면, 두 시간 안에 도착하지?

(2) 你放心! 用不了两天他就可以把开车学会的。

Nǐ fàngxīn! Yòng bu liǎo liǎng tiān tā jiù kěyǐ bǎ kāi chē xué huì de.

안심해! 이틀도 채 안 돼서 그는 운전을 배워서 할 수 있을 거야.

(3) 他酒量很大，这瓶酒他用不了两口就喝完了。

Tā jiǔliàng hěn dà, zhè píng jiǔ tā yòng bu liǎo liǎng kǒu jiù hē wán le.

그 사람 술 아주 잘 마셔, 이 술 정도면 두 모금도 안돼서 다 마실 걸.

(4) 他办事能力很强。要不了两下，他就把这件事解决了。

Tā bàn shì nénglì hěn qiáng.Yào bu liǎo liǎng xià, tā jiù bǎ zhè jiàn shì jiějué le.

그는 일하는 능력이 아주 뛰어나. 두 번도 필요 없이(한 번에), 그는 이 일을 해결할 수 있을 거야.

· 开(车)	동	kāi(chē)	(차를)운전하다	
· 酒量	명	jiǔliàng	음주량	
· 办(事)	동	bàn(shì)	(일을)처리하다	3
· 能力	명	nénglì	능력	4
· 强	형	qiáng	강하다, 뛰어나다	5
· 解决	동	jiějué	해결하다	3

3. 你啊你!

"너라는 애는…, 너도 참! "이라는 뜻으로, 상대방의 행위나 언행에 대하여 가벼운 질책의 의미를 담은 말입니다.

(1) 你啊你! 就是爱激动。

Nǐ a nǐ! Jiù shì ài jīdòng.

너는 너는! 걸핏하면 흥분도 잘 한다니깐.

(2) 怎么又买这么多零食回来了？你啊你！就是爱乱花钱。

Zěnme yòu mǎi zhème duō língshí huílai le? Nǐ a nǐ! Jiùshì ài luàn huā qián.

어째 또 이렇게 많은 주전부리를 사 들고 들어온 거야? 너도 참! 쓸데없이 돈 쓰는 덴 뭐 있다니까.

(3) 你啊你！怎么就坐不住呢？老是像个小孩子一样上蹦下跳的。

너라는 애는 참! 어째 가만히 앉아있질 못하니? 늘 애들처럼 이리 뛰고 저리 뛰니 원.

Nǐ a nǐ! Zěnme jiù zuò bu zhù ne? Lǎoshì xiàng gè xiǎo háizi yíyàng shàngbèng-xiàtiào de.

· 零食	명	língshí	간식	5
· 乱	부	luàn	함부로	4
· 花(钱)	동	huā qián	(돈)쓰다	3
· 上蹦下跳		shàngbèng-xiàtiào	펄쩍펄쩍 뛰다	

듣기와 말하기 연습

LS 5-3

1 잘 듣고 그대로 말해보세요.

1.
2.
3.
4.
5.

2 문제를 듣고 대답해 보세요.

1.
2.
3.
4.
5.

3 다음 질문에 대답해 보세요.

1. 他们打算怎么去上海？为什么？
2. 根据课文，我们知道小刘是个怎样的人？

HSK 연습문제

【 듣기영역 】

LS 5-4

• 듣기의 모든 문항은 두 번씩 들려드립니다.

1번-5번. 대화내용을 잘 듣고 관계있는 그림을 고르세요.

예 男：喂，请问张经理在吗?

女：他正在开会，您半个小时以后再打，好吗? ____E____

A 

B 

C 

D 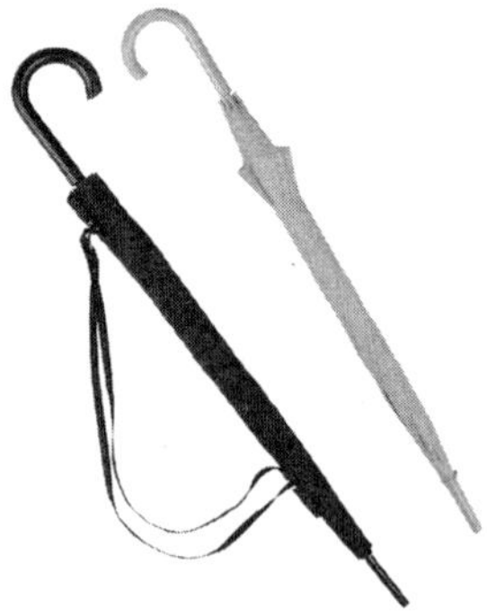

E 

F 

1. (　　)

2.　　　　(　　)
3.　　　　(　　)
4.　　　　(　　)
5.　　　　(　　)

6번-10번. 들려주는 문장을 잘 듣고, 제시된 내용이 맞으면 √, 틀리면 X를 괄호 안에 표시하세요.

예 为了让自己更健康，他每天都花一个小时去锻炼身体。

★ 他希望自己很健康。　　　　(√)

今天我想早点儿回家。看了看表，才5点，过了一会儿再看表，还是5点，我这才发现我的手表不走了。

★ 那块手表不是他的。　　　　(X)

6. ★ 他经常下课不回家。　　　　(　　)
7. ★ 他学习游泳的时间不长。　　　　(　　)
8. ★ 他和同事一起吃午饭了。　　　　(　　)
9. ★ 他新买的手机丢了。　　　　(　　)
10. ★ 这家超市离她家很近。　　　　(　　)

11번-13번. 대화를 잘 듣고 질문에 맞는 답을 고르세요.

예 男：小王，帮我开一下门，好吗？谢谢！

女：没问题，您去超市了？买了这么多东西。

问：男的想让小王做什么？

A 开门 √　　B 拿东西　　C 去超市买东西

11. A　今天晚上　　B　今天下午　　C　明天
12. A　照相　　B　看风景　　C　打电话
13. A　身体不舒服　　B　开车去接女的　　C　在教室等女的

14번-15번. 대화를 잘 듣고 질문에 맞는 답을 고르세요.

예 女：晚饭做好了，准备吃饭了。
男：等一会儿，比赛还有三分钟就结束了。
女：快点儿吧，一起吃，菜凉了就不好吃了。
男：你先吃，我马上就看完了。
问：男的在做什么?
A　洗澡　　B　吃饭　　C　看电视 √

14. A　今天　　B　明天　　C　下次
15. A　菜和啤酒　　B　鸡蛋和啤酒　　C　菜和鸡蛋

【 말하기영역 】

16번-20번. 잘 듣고 그대로 말해보세요.

16.
17.
18.
19.
20.

21번. 그림을 보고 2분 동안 준비하여 5문장 이상의 길이로 설명하세요. 준비시간이 끝나기 1분 전에 알림음이 나옵니다.

22번. 2분 동안 준비하여 다음 질문에 5문장 이상의 길이로 대답하세요. 준비시간이 끝나기 1분 전에 알림음이 나옵니다.

你觉得大学生谈恋爱会影响学习吗？为什么？

第6课　有趣的韩语汉字词

Yǒuqù de Hányǔ Hànzìcí

제 6 과　재미있는 한국어의 한자어

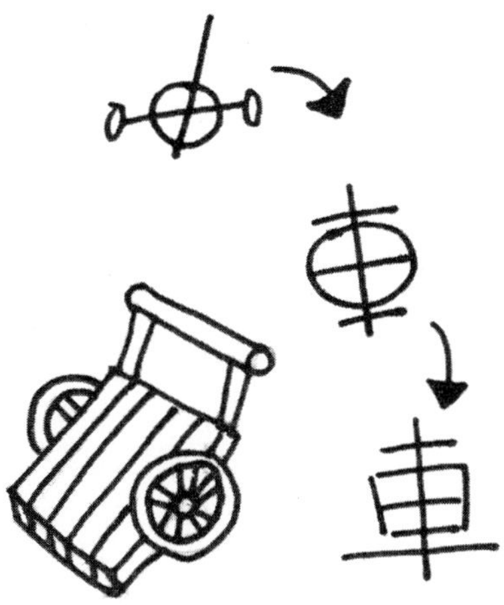

핵심표현

1. 来着?
2. (一)边…… (一)边……
3. 怎么好意思
4. 哪儿的话，咱们俩谁跟谁啊!

第 6 课　有趣的韩语汉字词

Yǒuqù de Hányǔ Hànzìcí

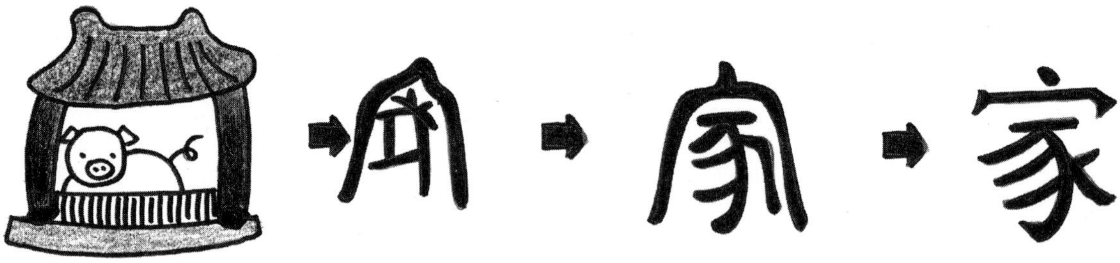

会话

LS 6-1

贤真：先辈！你也来逛街啊。

师兄：贤真，是你啊。哎，你刚才叫我什么来着？“先辈”？

贤真：怎么了？有什么不对吗？

师兄：“先辈”这个词，在中国，现在一般是对已经去世的先人的尊称。你呀，应该叫我“师兄”才对。

贤真：我们韩语中有很多汉字词发音和意思跟汉语很相似。但是，看来，还是有很多地方不一样啊。

师兄：对啊，这些词有时还能猜出它的中文意思，可有些，像你们韩语中的“经理”、“学院”、“汽车”、“便纸”等等，可就跟中文的意思完全不一样了。

贤真：师兄，咱们一起去那家食堂吃饭吧，边吃边聊。

师兄：好啊！不过在学校里，才叫“食堂”，在外面，就叫“饭店”。

贤真：又说错了。走，今天我请客！

师兄：那怎么好意思啊？

贤真：哪儿的话，咱俩谁跟谁啊。

Xiánzhēn：Xiānbèi! Nǐ yě lái guàng jiē a.

Shīxiōng：Xiánzhēn，shì nǐ a.Āi，nǐ gāngcái jiào wǒ shénme láizhe? "Xiānbèi"?

Xiánzhēn：Zěnme le? Yǒu shénme bú duì ma?

Shīxiōng："Xiānbèi"zhè gè cí，zài Zhōngguó，xiànzài yìbān shì duì yǐjīng qùshì de xiānrén de zūnchēng.Nǐ ya，yīnggāi jiào wǒ "shīxiōng" cái duì.

Xiánzhēn：Wǒmen Hányǔ zhōng yǒu hěn duō Hànzìcí fāyīn hé yìsi gēn Hànyǔ hěn xiāngsì.Dànshì，kàn lái，háishì yǒu hěn duō dìfang bù yíyàng a.

Shīxiōng：Duì a，zhèxiē cí yǒushí hái néng cāi chū tā de Zhōngwén yìsi，kě yǒuxiē，xiàng nǐmen Hányǔ zhōng de "jīnglǐ"、"xuéyuàn"、"qìchē"、"biànzhǐ "děngděng，kě jiù gēn Zhōngwén de yìsi wánquán bù yíyàng le.

Xiánzhēn：Shīxiōng，zánmen yìqǐ qù nà jiā shítáng chīfàn bɑ，biān chī biān liáo.

Shīxiōng：Hǎo ɑ! Búguò zài xuéxiào lǐ，cái jiào"shítáng"，zài wàimiàn，jiù jiào "fàndiàn".

Xiánzhēn：Yòu shuō cuò le.Zǒu，jīntiān wǒ qǐngkè!

Shīxiōng：Nà zěnme hǎoyìsi a?

Xiánzhēn：Nǎr de huà,zán liǎ shuí gēn shuí a.

새 단어

LS 6-2

1	逛街	동	guàng jiē	쇼핑하다	4
2	……来着	조	…láizhe	~라고 했더라…, ~였더라…	
3	先辈	명	xiānbèi	선친, 선인, 조상	
4	一般	형	yìbān	보통, 일반적이다	3
5	去世	동	qùshì	돌아가시다	5
6	先人	명	xiānrén	조상, 선인	
7	尊称	명	zūnchēng	존칭	5
8	师兄		shīxiōng	남자 선배	
9	发音	명	fāyīn	발음	
10	相似	형	xiāngsì	비슷하다	5
11	猜	동	cāi	추측하다	4
12	像	동	xiàng	~를 예로 들다	3
13	经理	명	jīnglǐ	사장	3
14	学院	명	xuéyuàn	단과 대학	
15	便纸	명	biànzhǐ	화장실용 휴지	
16	完全	부	wánquán	완전히	4
17	食堂	명	shítáng	(구내)식당	
18	边……边……	부	biān…biān…	~하면서 ~하다	3
19	聊	동	liáo	한담을 하다, 얘기하다	4
20	请客	동	qǐngkè	(음식을) 대접하다	4

해설

1. ……来着?

상대방이 한 말에 놀라거나 의외여서 "뭐라고? 뭐라 그랬니?"라고 되묻거나, 과거의 일이 잘 생각나지 않아서 "(그때 그 사람이)어떻게 했더라?" 하고 상대에게 말하거나 독백할 때에도 사용할 수 있습니다. 문장 끝에 붙는 조사이며, 문장 안의 동사에 "了、过"를 붙일 수 없습니다. 회화체에서는 "来"만 쓸 때도 있습니다.

(1) 你刚才叫我什么来着? "先辈"?
nǐ gāngcái jiào wǒ shénme láizhe? "Xiānbèi"?
너 좀전에 나를 뭐라고 불렀니? "先辈"?

(2) 你说什么来着? 我没听清楚。你再说一遍。
Nǐ shuō shénme láizhe? Wǒ méi tīng qīngchu.Nǐ zài shuō yí biàn.
너 뭐라고 그랬어? 나 잘 못 들었어, 다시 한번 말해봐.

(3) 他刚才还在这儿来着，怎么一会儿就不见了?
Tā gāngcái hái zài zhèr láizhe，zěnme yíhuìr jiù bú jiàn le?
그 사람이 좀 전에 여기 있었던 것 같은데, 어떻게 금방 안 보이지?

2. (一)边…… (一)边……

연결해서 쓰는 부사입니다. 둘 이상의 동작이 동시 진행됨을 나타내며, 동사 앞에 씁니다. "一"는 생략할 수 있지만, 동일한 주어일 때만 가능하고, "一边"은 서로 다른 주어에도 사용할 수 있습니다.

(1) 咱们一起去食堂吃饭吧，边吃边聊。
Zánmen yìqǐ qù shítáng chīfàn ba，biān chī biān liáo.
우리 같이 식당에 가서 밥 먹자, 먹으면서 얘기하자.

(2) 孩子们 (一) 边唱，(一) 边跳。

Háizimen (yì)biān chàng，(yì)biān tiào.

아이들이 노래를 부르면서 춤을 춘다.

(3) 老师一边说，我们一边记。

Lǎoshī yìbiān shuō，wǒmen yìbiān jì.

선생님이 말씀하시고, 우리는 받아적는다.

3. (怎么) 好意思

"好意思"는 형용사로서, "부끄러워하지 않다, 난처할까봐 두려워하지 않다, 창피하지 않다"의 뜻을 가집니다. 단독으로 서술어를 이룰 수 있지만, 대부분의 경우 조동사처럼 쓰여서 뒤에 동사를 동반합니다. 일반적으로 부정문이나 반문 의문문에 쓰입니다.

(1) 那怎么好意思啊?

Nà zěnme hǎoyìsi a?

그게 어떻게 체면이 서겠니?(반문)

(2) 她也想说几句，但是不好意思开口。

Tā yě xiǎng shuō jǐ jù，dànshì bù hǎoyìsi kāikǒu.

그녀도 몇 마디 하고 싶었지만, 입을 열기가 부끄러웠다.(부정문)

(3) 朋友们那么热情，我怎么好意思马上就走呢?

Péngyoumen nàme rèqíng，wǒ zěnme hǎoyìsi mǎshàng jiù zǒu ne?

친구들이 그렇게 잘해주는데, 내가 어떻게 미안해서 금방 가겠니?(반문)

(4) 大家一鼓掌，我就不好意思了。

Dàjiā yì gǔzhǎng，wǒ jiù bù hǎoyìsi le.

모두들 박수를 쳐서, 내가 너무 부끄러웠다.(단독으로 서술어 담당)

3. 哪儿的话，咱(们)俩谁跟谁啊!

"무슨 소리야, 우리가 누구니?" 라는 뜻입니다. "哪儿的话"는, 상대방의 말이 사실보다 터무니없이 과장되었다는 표현을 함으로써 겸손을 표시할 때 사용할 수 있습니다. "咱俩谁

跟谁啊"는 "우리 둘이 누구랑 누군데~", "우리 사이에 (뭘 그런 걸 따져?)~" 라는 의미로 둘 사이가 아주 가까워서 격식을 차릴 필요가 없다는 의미로 사용하는 관용어입니다.

(1) ——谢谢你这几天的照顾。

Xièxiè nǐ zhè jǐ tiān de zhàogù.

요 며칠 동안 돌봐줘서 고마워.

——哪儿的话，咱俩谁跟谁啊！不要跟我客气。

Nǎr de huà,zán liǎ shuí gēn shuí a.Bú yào gēn wǒ kèqi.

무슨 말이야, 우리 사이에! 나하고는 예의 차릴 필요 없어.

(2) ——你一个人做了这么多事啊。

Nǐ yí gè rén zuòle zhème duō shì a.

너 혼자서 이 많은 일을 다 한 거야?

——哪儿的话，都是大家一起做的。

Nǎr de huà，dōu shì dàjiā yìqǐ zuò de.

아냐 아냐, 모두가 다 같이 한 일인 걸.

(3) ——真不好意思，我又忘了带钱，明天再还你吧。

Zhēn bù hǎoyìsi，wǒ yòu wàngle dài qián，míngtiān zài huán nǐ bɑ.

정말 죄송해요, 내가 또 돈을 가져오는 걸 잊었네요, 내일 갚을게요.

——没事！不着急！咱们俩谁跟谁啊。

Méi shì! Bù zháojí! Zánmen liǎ shuí gēn shuí a.

괜찮아요, 조급해할 필요 없어요. 우리 사이에!

듣기와 말하기 연습

LS 6-3

1 잘 듣고 그대로 말해보세요.

1.
2.
3.
4.
5.

2 문제를 듣고 대답해 보세요.

1.
2.
3.
4.

3 다음 질문에 대답해 보세요.

1. 在汉语中为什么不能随便叫"先辈"这个词?
2. 韩语中的"학원(学院)"和中文里 "学院" 的意思有什么不同?

HSK 연습문제

【 듣기영역 】

LS 6-4

• 듣기의 모든 문항은 두 번씩 들려드립니다.

1번-5번. 대화내용을 잘 듣고 관계있는 그림을 고르세요.

예 男：喂，请问张经理在吗？

女：他正在开会，您半个小时以后再打，好吗？ ___E___

A

B

C

D

E

F

1. (　　)
2. (　　)
3. (　　)
4. (　　)
5. (　　)

6번-10번. 들려주는 문장을 잘 듣고, 제시된 내용이 맞으면 √, 틀리면 X를 괄호 안에 표시하세요.

예 为了让自己更健康，他每天都花一个小时去锻炼身体。

★ 他希望自己很健康。 (√)

今天我想早点儿回家。看了看表，才5点，过了一会儿再看表，还是5点，我这才发现我的手表不走了。

★ 那块手表不是他的。 (X)

6. ★ 哥哥不喜欢结婚。 ( )
7. ★ 那个电影可以在网上看。 ( )
8. ★ 他现在自己住。 ( )
9. ★ 这件衣服我只买了一件。 ( )
10. ★ 他现在不抽烟了。 ( )

11번-13번. 대화를 잘 듣고 질문에 맞는 답을 고르세요.

예 男：小王，帮我开一下门，好吗？谢谢！

女：没问题，您去超市了？买了这么多东西。

问：男的想让小王做什么？

A 开门 √ B 拿东西 C 去超市买东西

11. A 找药 B 买药 C 吃药
12. A 去北京 B 送姐姐 C 去旅行
13. A 回家吃饭 B 照顾孩子 C 在外面吃饭

14번-15번. 대화를 잘 듣고 질문에 맞는 답을 고르세요.

(예) 女：晚饭做好了，准备吃饭了。

男：等一会儿，比赛还有三分钟就结束了。

女：快点儿吧，一起吃，菜凉了就不好吃了。

男：你先吃，我马上就看完了。

问：男的在做什么?

A 洗澡　　B 吃饭　　C 看电视 √

14. A 孩子　　B 玩具　　C 水果

15. A 警察　　B 职员　　C 老师

【 말하기영역 】

16번-20번. 잘 듣고 그대로 말해보세요.

16.

17.

18.

19.

20.

21번. 그림을 보고 2분 동안 준비하여 5문장 이상의 길이로 설명하세요. 준비시간이 끝나기 1분 전에 알림음이 나옵니다.

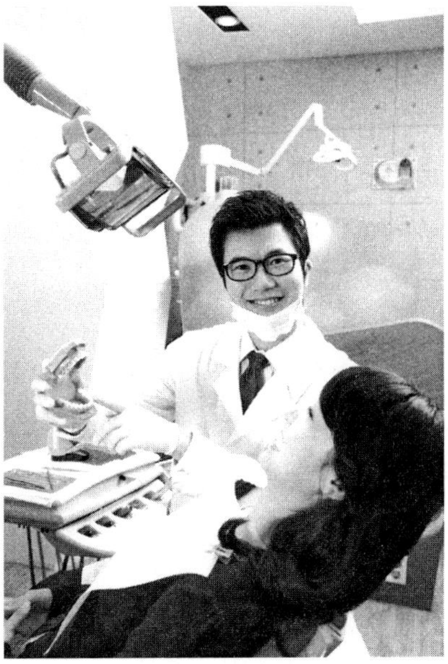

22번. 2분 동안 준비하여 다음 질문에 5문장 이상의 길이로 대답하세요. 준비시간이 끝나기 1분 전에 알림음이 나옵니다.

你觉得快乐是什么？请说说你的想法。

第7课 "北漂"漂啊漂……

"Běipiāo"piāo a piāo …

제 7 과 "베이징 떠돌이" 떠돌고 또 떠돌다…

핵 심 표 현

1. 别提了
2. 他跟你一样
3. 他算是"洋北漂"吧
4. 不是也挺好吗?

第7课 "北漂"漂啊漂……

"Běipiāo"piāo a piāo …

会话

LS 7-1

贤真：杜克! 好久不见! 听说你大学毕业了，现在在哪儿工作啊?

杜克：贤真! 真是好久不见了! 咳，别提了，哪儿有工作啊，这不，正"漂"着呢。

贤真："漂"着? 你也加入了"北漂一族"了?

杜克：在北京呆了这几年，你的汉语进步真快，连"北漂"这种词都知道，不简单!

贤真：我好几个中国朋友大学毕业后，都不想考研究生，也不想回家乡，跟你一样，都在北京"漂"来"漂"去呢。还有啊，我的几个韩国朋友毕业了也没回国，也想在北京找个工作，算是"洋北漂"吧。

杜克：是啊。现在找一份好工作还真不容易!

贤真：在韩国也一样。不过，杜克，你的家乡在浙江，回去找个工作不是也挺好吗?

杜克：说得对，我再"漂"几天，再找不到，就回家找!

Xiánzhēn：Dù Kè! Hǎo jiǔ bú jiàn! Tīngshuō nǐ dàxué bìyè le，xiànzài zài nǎr gōngzuò a?

Dù Kè：Xiánzhēn! Zhēn shì hǎo jiǔ bú jiàn le! Hāi，bié tí le，nǎr yǒu gōngzuò a，zhè bú，zhèng "piāo"zhe ne.

Xiánzhēn："Piāo"zhe? Nǐ yě jiārùle "Běipiāo yì zú"le?

Dù Kè：Zài Běijīng dāile zhè jǐ nián，nǐ de Hànyǔ jìnbù zhēn kuài，lián "Běipiāo"zhè zhǒng cí dōu zhīdào，bù jiǎndān!

Xiánzhēn：Wǒ hǎo jǐ gè Zhōngguó péngyou dàxué bìyè hòu，dōu bù xiǎng kǎo yánjiūshēng，yě bù xiǎng huí jiāxiāng，gēn nǐ yíyàng，dōu zài Běijīng "piāo"lái "piāo"qù ne. Háiyǒu a，wǒ de jǐ gè Hánguó péngyou bìyèle yě méi huíguó，yě xiǎng zài Běijīng zhǎo gè gōngzuò，suàn shì "yáng Běipiāo"ba.

Dù Kè：Shì a.Xiànzài zhǎo yí fèn hǎo gōngzuò hái zhēn bù róngyì!

Xiánzhēn：Zài Hánguó yě yíyàng.Búguò，Dù Kè，nǐ de jiāxiāng zài Zhèjiāng，huíqù zhǎo gè gōngzuò bú shì yě tǐng hǎo ma?

Dù Kè：Shuō de duì，wǒ zài "piāo"jǐ tiān，zài zhǎo bu dào，jiù huí jiā zhǎo!

새 단어

LS 7-2

1	北漂(一族)		Běipiāo(yì zú)	
2	毕业	동	bìyè	4
3	咳	감	hāi	
4	别提	동	bié tí	5
5	漂	동	piāo	6
6	呆	동	dāi	5
7	进步	동	jìnbù	5
8	简单	형	jiǎndān	3
9	研究生	명	yánjiūshēng	4
10	跟……一样		gēn…yíyàng	3
11	……来……去		…lái…qù	
12	算(是)	동	suàn(shì)	4
13	洋	명	yáng	
14	份	양	fèn	4
15	不过	접	búguò	4
16	浙江	고유	Zhèjiāng	

1. 別提(了)

"말도 마!"라는 의미로, 회화체에 쓰입니다. 어이없을 정도로 정도가 심해서, 말할 필요도 없다는 표현을 할 때 과장의 의미로 쓰이며, 문장 뒤에 항상 "了"를 써 줍니다.

(1) 咳，别提了，哪儿有工作啊。

Hāi, bié tí le, nǎr yǒu gōngzuò a.

아이구, 말도 마, 취직은 무슨.

(2) 这个人说起话来，别提多慢了。

Zhè gè rén shuō qi huà lai, bié tí duō màn le.

이 사람이 말을 할라치면, 말도 마, 얼마나 느려터지는지.

(3) 比赛开始后，那个紧张啊，别提了!

Bǐsài kāishǐ hòu, nà gè jǐnzhāng a, bié tí le!

시합이 시작되고 나면, 그 긴장감이란, 말도 마라!

· 紧张	형	jǐnzhāng	긴장하다	4

2. (跟A) 一样

형용사로서, "같다, 차이가 없다"는 뜻을 나타냅니다. 직접 서술어로 쓰일 수 있고, 형용사나 명사와도 함께 쓰여 "跟(和、同)A一样"의 문형을 만들기도 합니다.

(1) (他们) 跟你一样，都在北京"漂"来"漂"去呢。

(Tāmen)gēn nǐ yíyàng, dōu zài Běijīng "piāo"lái "piāo"qù ne.

(그들도)너처럼, 모두들 베이징에서 "떠돌아"다니고 있지.

(2) 在韩国也一样。

Zài Hánguó yě yíyàng.

한국에서도 마찬가지다.

(3) 他们俩的汉语说得一样好。

Tāmen liǎ de Hànyǔ shuō de yíyàng hǎo.

그 두 사람의 중국어 실력은 똑같이 좋아.

3. 算(是)

동사로서, '~라고 치다, ~라 할 수 있다'의 뜻을 나타냅니다. 뒤에 "是"를 붙이기도 합니다. 뒤에 명사나 동사, 형용사 혹은 구가 올 수도 있습니다.

(1) (他)算是"洋北漂"吧。

(Tā)suàn shì "yáng Běipiāo"bɑ.

(그는) "외국인 베이징 떠돌이"라고 할 수 있지.

(2) 这件事总算是办好了。

Zhè jiàn shì zǒng suàn shì bàn hǎo le.

이 일은 어쨌든 잘 처리했다고 할 수 있다.

(3) 这里的冬天不算太冷。

Zhèli de dōngtiān bú suàn tài lěng.

이 곳의 겨울은 매우 춥다고는 할 수 없다.

(4) 今天算我请客，大家别客气。

Jīntiān suàn wǒ qǐngkè，dàjiā bié kèqi.

오늘은 내가 대접하는 걸로 하자구, 모두들 체면 차릴 필요 없어.

4. 반문 의문문

반문 의문문은 형식상으로는 의문문이지만, 실질적으로는 이미 문장 안에 명확한 뜻을 담고 있어, 대답할 필요가 없는 의문문입니다. 긍정 형식의 반문은 부정의 의미를 나타내고, 부정형식의 반문은 긍정의 의미를 나타냅니다. 주로 어조를 강하게 만드는 역할을 합니다.

(1) 你的家乡在浙江，回去找个工作不是也挺好吗? (回去找工作挺好)

Nǐ de jiāxiāng zài Zhèjiāng，huíqù zhǎo gè gōngzuò bú shì yě tǐng hǎo ma?

네 고향은 저지앙인데, 고향으로 돌아가서 취직하는 것도 좋지 않니?(돌아가서 취직하는 것도 좋다.)

(2) 这么简单的问题，谁不会回答?(谁都会回答)

Zhème jiǎndān de wèntí, shuí bú huì huídá?

이렇게 간단한 문제를 누가 대답 못하겠니?(누구나 대답할 수 있다.)

(3) 都12点了，你难道还不回家?(你应该回家)

Dōu 12 diǎn le, nǐ nándào hái bù huí jiā?

벌써 12신데, 너 설마 아직도 집에 안 간 거니?(넌 당연히 집에 가야 한다.)

듣기와 말하기 연습

LS 7-3

1 잘 듣고 그대로 말해보세요.

1.
2.
3.
4.
5.

2 문제를 듣고 대답해 보세요.

1.
2.
3.
4.
5.

3 다음 질문에 대답해 보세요.

请说一说杜克大学毕业以后的情况。

HSK 연습문제

【 듣기영역 】

LS 7-4

• 듣기의 모든 문항은 두 번씩 들려드립니다.

1번-3번. 대화내용을 잘 듣고 관계있는 그림을 고르세요.

A 

B 

C 

D 

(예) 男：喂，请问张经理在吗?

女：他正在开会，您半个小时以后再打，好吗?　　　　___D___

1.　　　　　　　　　　(　　)

2.　　　　　　　　　　(　　)

3.　　　　　　　　　　(　　)

4번-6번. 들려주는 문장을 잘 듣고, 제시된 내용이 맞으면 √, 틀리면 X를 괄호 안에 표시하세요.

(예) 为了让自己更健康，他每天都花一个小时去锻炼身体。

★ 他希望自己很健康。　　　　(√)

今天我想早点儿回家。看了看表，才5点，过了一会儿再看表，还是5点，我这才发现我的手表不走了。

★ 那块手表不是他的。 (X)

4. ★ 大学生找工作不容易。 (　　)

5. ★ 我喜欢搬来搬去的生活。 (　　)

6. ★ 我的飞机是下午的。 (　　)

7번-8번. 대화를 잘 듣고 질문에 맞는 답을 고르세요.

예 男：小王，帮我开一下门，好吗？谢谢！

女：没问题，您去超市了？买了这么多东西。

问：男的想让小王做什么？

A 开门 √　B 拿东西　C 去超市买东西

7. A 大学毕业了　B 不在北京工作　C 没有工作住所

8. A 不想休息　B 回去了就哭　C 孩子太闹

9번-10번. 대화를 잘 듣고 질문에 맞는 답을 고르세요.

예 女：晚饭做好了，准备吃饭了。

男：等一会儿，比赛还有三分钟就结束了。

女：快点儿吧，一起吃，菜凉了就不好吃了。

男：你先吃，我马上就看完了。

问：男的在做什么？

A 洗澡　B 吃饭　C 看电视 √

9. A 打电话　B 电子邮件　C 见面说

10. A　女的想回家　　　B　男的想坐电梯　　　C　女的想买衣服

【 말하기영역 】

11번-15번. 잘 듣고 그대로 말해보세요.

11.

12.

13.

14.

15.

16번. 그림을 보고 2분 동안 준비하여 5문장 이상의 길이로 설명하세요. 준비시간이 끝나기 1분 전에 알림음이 나옵니다.

17번. 2분 동안 준비하여 다음 질문에 5문장 이상의 길이로 대답하세요. 준비시간이 끝나기 1분 전에 알림음이 나옵니다.

请说说你最想做的工作是什么。

第8课 逛超市 看韩国

Guàng chāoshì kàn Hánguó

제 8 과 쇼핑을 하며 한국을 보다

핵심표현

1. 我就喜欢逛街。
2. 东西多，又便宜。
3. 每隔一段时间就放一次广告歌。

第8课　逛超市 看韩国

Guàng chāoshì kàn Hánguó

会话

LS 8-1

杜克：娜娜，看你匆匆忙忙的，这是要去哪儿啊？

娜娜：超市。听说那里的水果正在打折呢。

杜克：女生就是喜欢逛街。

娜娜：说对了，我就喜欢逛街，特别是韩国的大超市！东西多，又便宜；饿了，还能在里面吃东西；有免费的，也有专门的小吃区。吃完了接着逛，多长时间都不累！

杜克：女生一买起东西来，就觉不到累了。

娜娜：韩国的大超市每隔一段时间就放一次广告歌，服务员们会跟着音乐拍手、唱歌、鞠躬，看着他们这么好的态度，我总会有多买点东西的冲动，怎么会累呢？

杜克：既然你这么喜欢买东西，回来的时候帮我捎两瓶啤酒吧。谢谢！

Dù Kè：Nàna，kàn nǐ cōngcōng-mángmáng de，zhè shì yào qù nǎr a?

Nàna：Chāoshì.Tīngshuō nàli de shuǐguǒ zhèngzài dǎzhé ne.

Dù Kè：Nǚshēng jiù shì xǐhuan guàng jiē.

Nàna：Shuō duì le，wǒ jiù xǐhuan guàng jiē，tèbié shì Hánguó de dà chāoshì！Dōngxi duō，yòu piányi.È le，hái néng zài lǐmiàn chī dōngxi，yǒu miǎnfèi de，yě yǒu zhuānmén de xiǎochī qū.Chī wánle jiēzhe guàng，duō cháng shíjiān dōu bú lèi!

Dù Kè：Nǚshēng yì mǎi qi dōngxi lai，jiù jué bu dào lèi le.

Nàna：Hánguó de dà chāoshì měi gé yí duàn shíjiān jiù fàng yí cì guǎnggào gē，fúwùyuánmen huì gēnzhe yīnyuè pāishǒu、chànggē、jūgōng，kànzhe tāmen zhème hǎo de tàidù，wǒ zǒng huì yǒu duō mǎi diǎn dōngxi de chōngdòng，zěnme huì lèi ne?

Dù Kè：Jìrán nǐ zhème xǐhuan mǎi dōngxi，huílai de shíhou bāng wǒ shāo liǎng píng píjiǔ ba.Xièxie!

새 단어

LS 8-2

1	匆忙	형	cōngmáng	(매우)바쁘다	5
2	打折	동	dǎzhé	할인하다	4
3	饿	형	è	배고프다	3
4	免费	동	miǎnfèi	돈을 받지 않다, 공짜로 하다	4
5	专门	형	zhuānmén	전문적인	4
6	小吃	명	xiǎochī	간식, 간단한 식사	5
7	接着	접	jiēzhe	이어서, 계속해서	5
8	隔	동	gé	간격을 두다	5
9	段	양	duàn	단락, 일정정도의 길이(시간, 말)	3
10	放	동	fàng	놓다, (음악을) 틀다	3
11	拍手	동	pāishǒu	손뼉을 치다	5
12	鞠躬	동	jūgōng	절하다, 허리숙여 인사하다	6
13	态度	명	tàidù	태도	4
14	冲动	명	chōngdòng	충동	6
15	既然	접	jìrán	이왕 ~한 이상, 기왕~했으니	4
16	捎	동	shāo	~하는 인편에 갖고(사서) 오다(가다)	6

해설

1. 就(是)

긍정의 어기를 강조하는 부사로 쓰여, "바로, 딱"이라는 뜻으로, 줄곧 변함없이 언제나 그러하며 쉽게 변하지 않는다는 의미를 나타냅니다. 강하게 발음합니다.

(1) 女生就 (是) 喜欢逛街。

Nǚshēng jiù(shì) xǐhuan guàng jiē.

여자는 쇼핑을 좋아하지.

(2) 我就不相信我学不会中文。

Wǒ jiù bù xiāngxìn wǒ xué bu huì Zhōngwén.

나는 내가 중국어를 배워도 잘 못할 거라고는 (절대) 믿지 않는다.

(3) 随你怎么说，我就是不同意。

Suí nǐ zěnme shuō，wǒ jiùshì bù tóngyì.

네가 어떻게 말하든지, 나는 어쨌든 동의하지 않는다.

· 随	개	suí	~하든 간에	4
· 同意	동	tóngyì	동의하다	3

2. 복문 중에 숨겨진 접속사

의미상 연결된 둘 이상의 단문으로 이루어진 문장을 복문이라고 합니다. 복문의 각 단문들 사이에는 보통 연결 어구(접속사 혹은 연결된 의미를 가진 부사)를 사용하는데, 어떤 때, 특히 회화체에서 병렬이나 연관 관계를 가진 문장에서 연결 어구를 사용하지 않는 경우도 있습니다. 그러나 뒷 문장에 연결 어구 역할을 하는 부사가 반드시 출현하게 되며, 생략하면 안 됩니다.

(1) (不但) 东西多，(而且) 又便宜；(如果) 饿了，还能在里面吃东西；(不仅) 有免费的，(而且) 也有专门的小吃区。

(Búdàn) dōngxi duō，(érqiě) yòu piányi；(rúguǒ) è le，hái néng zài lǐmian chī dōngxi；(bùjǐn) yǒu miǎnfèi de，(érqiě) yě yǒu zhuānmén de xiǎochī qū.

물건도 많고(많을 뿐만 아니라), (게다가)값도 싸다. (만약)배고프면, 안에서 뭔가를 먹을 수도 있다. 공짜인 것도 있고(있을 뿐더러), (또한) 전문적인 푸드코트도 있다. 이들 문장 중의 "又"、"还"、"也"、"就"와 같은 부사는 생략할 수 없는 필수성분입니다.

(2) (如果/即使) 你不告诉我，我也会知道。

(Rúguǒ /Jíshǐ) nǐ bú gàosu wǒ，wǒ yě huì zhīdào.

(만약/설령) 네가 알려주지 않아도, 나는 (그래도) 알 수 있다.

(3) (只要) 你说得对，我就改。

(Zhǐyào) nǐ shuō de duì，wǒ jiù gǎi.

네가 말하는 게 맞으면(맞기만 하면), 내가 바로 고칠게.

· 即使	접	jíshǐ	설령(~하더라도)	4
· 只要	접	zhǐyào	~하기만 하면	4

3. "每" + 동사 + 수량사

"매 ~번/시간의 동작이 일어날 때마다" 의 뜻으로, 동일한 동작이 반복 발생하는 상황을 나타냅니다. 뒤에 반드시 그에 상응하는 다른 수량적인 반응이 나타납니다.

(1) 韩国的大超市每隔一段时间就放一次广告歌。

Hánguó de dà chāoshì měi gé yí duàn shíjiān jiù fàng yí cì guǎnggào gē.

한국의 대형마트에서는 일정 시간마다 광고음악을 틀어 준다.

(2) 入秋以后每下一场雨，天气就凉一些。

Rùqiū yǐhòu měi xià yì cháng yǔ，tiānqì jiù liáng yìxiē.

가을로 접어들고부터는 비가 한 번 내릴 때 마다, 날씨가 추워진다.

(3) 中国的中小学每上45分钟课，就休息10分钟。

Zhōngguó de zhōng-xiǎoxué měi shàng 45 fēnzhōng kè，jiù xiūxi 10 fēnzhōng.

· 入秋	동	rùqiū	가을로 접어들다	4
· 凉	형	liáng	춥다, 차다	3

듣기와 말하기 연습

LS 8-3

■1 잘 듣고 그대로 말해보세요. (5문항)

1.
2.
3.
4.
5.

■2 문제를 듣고 대답해 보세요. (4문항)

1.
2.
3.
4.
5.

■3 다음 질문에 대답해 보세요.

韩国的大超市有些什么特点? 请说出三个。

H S K 연 습 문 제

【 듣기영역 】

LS 8-4

• 듣기의 모든 문항은 두 번씩 들려드립니다.

1번-3번. 대화내용을 잘 듣고 관계있는 그림을 고르세요.

A 

B 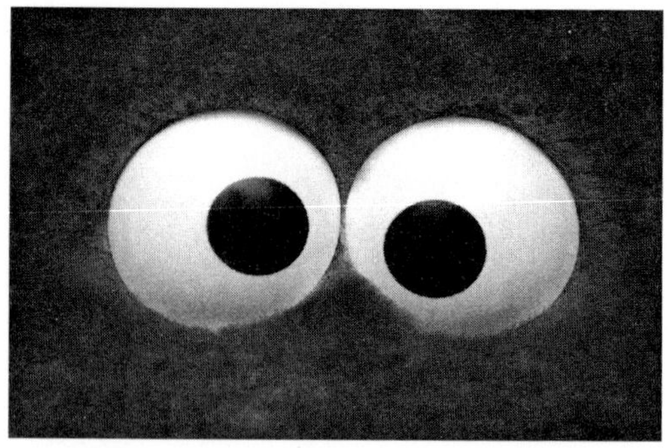

C 

D 

예 男：喂，请问张经理在吗?

女：他正在开会，您半个小时以后再打，好吗? ____D____

1. (   )

2. (   )

3. (   )

4번-6번. 들려주는 문장을 잘 듣고, 제시된 내용이 맞으면 √, 틀리면 X를 괄호 안에 표시하세요.

예 为了让自己更健康，他每天都花一个小时去锻炼身体。

★ 他希望自己很健康。 (√)

今天我想早点儿回家。看了看表，才5点，过了一会儿再看表，还是5点，我这才发现我的手表不走了。

★ 那块手表不是他的。　　　　　　(X)

4. ★ 我没有钱去旅游。　　　　　　(　　)
5. ★ 今天早上我没有游泳。　　　　(　　)
6. ★ 我今天晚上跟朋友见面。　　　(　　)

7번–8번. 대화를 잘 듣고 질문에 맞는 답을 고르세요.

예 男：小王，帮我开一下门，好吗？谢谢！

女：没问题，您去超市了？买了这么多东西。

问：男的想让小王做什么？

A 开门 √　　B 拿东西　　C 去超市买东西

7. A 去医院　　B 送水果　　C 看电影
8. A 客厅里　　B 我旁边　　C 窗户外

9번–10번. 대화를 잘 듣고 질문에 맞는 답을 고르세요.

예 女：晚饭做好了，准备吃饭了。

男：等一会儿，比赛还有三分钟就结束了。

女：快点儿吧，一起吃，菜凉了就不好吃了。

男：你先吃，我马上就看完了。

问：男的在做什么？

A 洗澡　　B 吃饭　　C 看电视 √

9. A 女的不认识男的　　B 男的什么没变化　　C 男的头发快没了

10. A　去机场送男的　　　B　要出国留学　　　　C　下周二很忙

【 말하기영역 】

11번-15번. 잘 듣고 그대로 말해보세요.

11.

12.

13.

14.

15.

16번. 그림을 보고 2분 동안 준비하여 5문장 이상의 길이로 설명하세요. 준비시간이 끝나기 1분 전에 알림음이 나옵니다.

17번. 2분 동안 준비하여 다음 질문에 5문장 이상의 길이로 대답하세요. 준비시간이 끝나기 1분 전에 알림음이 나옵니다.

如果你有10万美元，你最想做什么？

第9课　冬天里的春天

Dōngtiān lǐ de chūntiān

제9과　겨울 속의 봄

핵 심 표 현

1. 감탄문과 어기조사
2. A是A
3. 干脆

第 9 课　冬天里的春天

Dōngtiān lǐ de chūntiān

会 话

LS 9-1

杜克：贤真，寒假就要到了，你是回国还是在中国旅行?

贤真：我想先去旅行，然后回韩国过春节。对了，杜克，我很想去哈尔滨，听说那里冬天有"冰灯节"，特别漂亮!

杜克：嗯……哈尔滨好是好，不过要是你想在冬天感受一下春天的阳光，我建议你去云南!

贤真：好主意！早就听说"春城"昆明的大名了！朋友告诉我，那里四季都有鲜花。

杜克：是啊！ 在云南有20多个少数民族，光是那些漂亮的民族服装，就能让你感到特别新鲜。

贤真：我还听说那里的热带水果又便宜又好吃!

杜克：干脆这样，你啊，放假后，先去哈尔滨看冰灯，然后让你爸爸妈妈来中国，你们一起去云南过一个春天里的春节!

贤真：好，马上就去给爸爸打电话!

Dù Kè : Xiánzhēn, hánjià jiù yào dào le, nǐ shì huíguó háishì zài Zhōngguó lǚxíng?

Xiánzhēn : Wǒ xiǎng xiān qù lǚxíng, ránhòu huí Hánguó guò Chūn Jié.Duì le, Dù Kè, wǒ hěn xiǎng qù Hā'ěrbīn, tīngshuō nàli dōngtiān yǒu "Bīngdēng Jié", tèbié piàoliang!

Dù Kè : Ng …Hā'ěrbīn hǎo shì hǎo, búguò yàoshì nǐ xiǎng zài dōngtiān gǎnshòu yixià chūntiān de yángguāng, wǒ jiànyì nǐ qù Yúnnán!

Xiánzhēn : Hǎo zhǔyi! Zǎo jiù tīngshuō "Chūnchéng" Kūnmíng de dàmíng le! Péngyou gàosu wǒ, nàli sìjì dōu yǒu xiānhuā.

Dù Kè : Shì a! Zài Yúnnán yǒu 20 duō gè shǎoshù mínzú, guāng shì nàxiē piàoliang de mínzú fúzhuāng, jiù néng ràng nǐ gǎndào tèbié xīnxiān.

Xiánzhēn : Wǒ hái tīngshuō nàli de rèdài shuǐguǒ yòu piányi yòu hǎochī!

Dù Kè : Gāncuì zhèyàng, nǐ a, fàngjià hòu, xiān qù Hā'ěrbīn kàn bīngdēng, ránhòu ràng nǐ bàba māma lái Zhōngguó, nǐmen yìqǐ qù Yúnnán guò yí gè chūntiān lǐ de Chūn Jié!

Xiánzhēn : Hǎo, mǎshàng jiù qù gěi bàba dǎ diànhuà!

새 단어

LS 9-2

1	寒假	명	hánjià	겨울방학	4
2	春节	고유	Chūn Jié	설	
3	哈尔滨	고유	Hā'ěrbīn	하얼삔	
4	冰灯(节)	명	Bīngdēng(Jié)	얼음등(축제)	
5	感受	동	gǎnshòu	느끼다, 체감하다	5
6	建议	동	jiànyì	건의하다, 권하다	5
7	云南	고유	Yúnnán	윈난	
8	春城	고유	Chūnchéng	봄의 도시(쿤밍의 별칭)	
9	昆明	고유	Kūnmíng	쿤밍	
10	大名	명	dàmíng	명성, 명망	
11	四季	명	sìjì	사계절	3
12	鲜花	명	xiānhuā	생화	5
13	少数民族	명	shǎoshù mínzú	소수민족	4
14	服装	명	fúzhuāng	복장, 옷, 의복, 의상	5
15	干脆	부	gāncuì	차라리, 아예	5

해설

1. 감탄문과 어기조사

감탄문은 회화체에서 찬양, 감격, 놀라움, 분노 등의 감정을 나타내는 문장입니다. 문장 끝에 대부분 了、啊、呢 등의 어기조사를 사용합니다. 문장 중간에(특히 회화체) 상대방의 주의를 끌기 위해서나, 열거, 가설 등의 상황에 사용할 때에는, 啊、吧、呢、了 등의 조사를 사용하여 긴 호흡을 약간 끊어줍니다.

(1) 对了，杜克，我很想去哈尔滨。

Duì le, Dù Kè, wǒ hěn xiǎng qù Hā'ěrbīn.

맞다, 듀크, 나 하얼삔에 가보고 싶어.

(2) 好主意!

Hǎo zhǔyi!

좋은 생각이야!

(3) 干脆这样，你啊，放假后，先去哈尔滨看冰灯，然后让你爸爸妈妈来中国。

Gāncuì zhèyàng, nǐ a, fàngjià hòu, xiān qù Hā'ěrbīn kàn bīngdēng, ránhòu ràng nǐ bàba māma lái Zhōngguó.

아예 이렇게 해, 너 말이야, 방학하면, 먼저 하얼삔에 가서 얼음등을 구경하고, 그런 다음에 부모님을 중국에 오시라고 해.

(4) 这里的风景多美啊!

Zhèli de fēngjǐng duō měi a!

여기 풍경이 얼마나 아름답니!

(5) 我想去看电影，可是她呢，却偏要去跳舞。

Wǒ xiǎng qù kàn diànyǐng, kěshì tā ne, què piān yào qù tiàowǔ.

나는 영화 보러 가고 싶은데, 그런데 그녀는, (도리어) 꼭 춤추러만 가고 싶어 해.

2. A 是 A

"是" 앞뒤로 같은 말을 넣어서, 회화체에서 "A는 A이기는 하지만"의 의미를 표현합니다. 뒷문장에 흔히 "但是、可是、就是" 등의 말이 붙습니다. 회화체에서는 "归"로 "是"를 대신하기도 합니다.

(1) 哈尔滨好是好，不过……我建议你去云南!

Hā'ěrbīn hǎo shì hǎo，bùguò…wǒ jiànyì nǐ qù Yúnnán!

하얼삔도 좋긴 좋은데, 하지만…난 너한테 윈난에 가보라고 추천하겠어!

(2) 他们俩吵是吵，可从来不真生气。

Tāmenliǎ chǎo shì chǎo，kě cónglái bù zhēn shēngqì.

그 두 사람은 다투긴 다투지만, 그렇지만 화를 낸 적은 한 번도 없어.

(3) 我瘦归瘦，但很少生病。

wǒ shòu guī shòu，dàn hěn shǎo shēngbìng.

나는 마르긴 말랐지만, 그래도 병치레는 거의 안 해.

3. 干脆

索性과 같은 뜻으로 "차라리, 아예"의 뜻입니다. 앞 문장에서 이루어진 행위가 불충분하거나 다른 방도가 없어서 직접 어떤 행위를 선택하는 것을 의미합니다. 대부분 앞에 선행상황이 있고, 동사구를 수식하는 경우가 많습니다.

(1) 干脆这样，你啊，放假后，先去哈尔滨看冰灯，然后……你们一起去云南过春节!

Gāncuì zhèyàng，nǐ a，fàngjià hòu，xiān qù Hā'ěrbīn kàn bīngdēng，ránhòu…nǐmen yìqǐ qù Yúnnán guò Chūn Jié!

아예 이렇게 해, 너 말야, 방학하면, 먼저 하얼삔에 가서 얼음등을 구경하고, 그리고 나서….(중략)…모두 같이 윈난에 가서 설을 지내는 거야.(앞 문장에 이미 윈난과 하얼삔에 가는 선행상황이 있음.)

(2) 周末人太多……要不，干脆我们明天请一天假，全家去看樱花!

Zhōumò rén tài duō… yào bù，gāncuì wǒmen míngtiān qǐng yì tiān jià，quánjiā qù kàn yīnghuā!

주말에는 사람이 너무 많아…아니면, 차라리 우리 내일 하루 휴가내서, 가족들 모두 벚꽃 보러 가자!

(3) 我不想对她说谎，所以干脆不说话了。

Wǒ bù xiǎng duì tā shuōhuǎng，suǒyǐ gāncuì bù shuōhuà le.

난 그녀에게 거짓말하고 싶지 않다, 그래서 차라리 말을 안 한다.

듣기와 말하기 연습

LS 9-3

1 잘 듣고 그대로 말해보세요.

1.
2.
3.
4.
5.

2 문제를 듣고 대답해 보세요.

1.
2.
3.
4.
5.

3 다음 질문에 5문장 이상으로 대답해 보세요.

清说说云南的冬天怎么样。

HSK 연습문제

【 듣기영역 】

LS 9-4

• 듣기의 모든 문항은 두 번씩 들려드립니다.

1번-3번. 대화내용을 잘 듣고 관계있는 그림을 고르세요.

A 

B 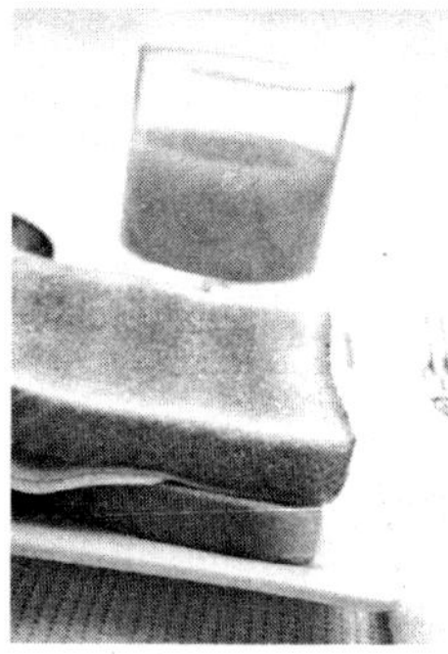

C 

D 

예 男：喂，请问张经理在吗?

女：他正在开会，您半个小时以后再打，好吗? ____D____

1. (　　)

2. (　　)

3. (　　)

4번-6번. 들려주는 문장을 잘 듣고, 제시된 내용이 맞으면 √, 틀리면 X를 괄호 안에 표시하세요.

예 为了让自己更健康，他每天都花一个小时去锻炼身体。

★ 他希望自己很健康。 (√)

今天我想早点儿回家。看了看表，才5点，过了一会儿再看表，还是5点，我这才发现我的手表不走了。

★ 那块手表不是他的。 （X）

4. ★ 娜娜很长时间没买衣服了。 （ ）

5. ★ 我每个星期都去看电影。 （ ）

6. ★ 我喜欢秋天，也喜欢红叶。 （ ）

7번-8번. 대화를 잘 듣고 질문에 맞는 답을 고르세요.

예 男：小王，帮我开一下门，好吗？谢谢！

女：没问题，您去超市了？买了这么多东西。

问：男的想让小王做什么？

A 开门 √ B 拿东西 C 去超市买东西

7. A 已经做好了 B 快做好了 C 还没做呢

8. A 7:20 B 7:30 C 7:40

9번-10번. 대화를 잘 듣고 질문에 맞는 답을 고르세요.

예 女：晚饭做好了，准备吃饭了。

男：等一会儿，比赛还有三分钟就结束了。

女：快点儿吧，一起吃，菜凉了就不好吃了。

男：你先吃，我马上就看完了。

问：男的在做什么？

A 洗澡 B 吃饭 C 看电视 √

9. A 南方 B 北京 C 天津

10. A 1207号 B 1206号 C 1205号

【 말하기영역 】

11번-15번. 잘 듣고 그대로 말해보세요.

11.

12.

13.

14.

15.

16번. 그림을 보고 2분 동안 준비하여 5문장 이상의 길이로 설명하세요. 준비시간이 끝나기 1분 전에 알림음이 나옵니다.

17번. 2분 동안 준비하여 다음 질문에 5문장 이상의 길이로 대답하세요. 준비시간이 끝나기 1분 전에 알림음이 나옵니다.

请介绍一个你去过的城市。

第10课 咱们出去放松一下!

Zánmen chūqu fàngsōng yíxià !

제 10 과 우리 스트레스 풀러 가자!

핵 심 표 현

1. 说实话
2. ~啊、~啊
3. 名副其实

第 10 课 咱们出去放松一下!

Zánmen chūqu fàngsōng yīxià!

会话

LS 10-1

佳英：考试结束了，咱们今天出去放松一下，怎么样?

王洋：好啊! 你想去哪儿? 你都去过釜山什么地方?

佳英：说实话，我不是釜山人，很多地方都没去过呢。听说釜山的海边，像海云台啊、广安里啊，都很漂亮。

王洋：不会吧! 那些地方，我都去过好几次了，你这个韩国人，竟然连广安里都没去过?

佳英：真是不好意思，我这是第一次来釜山。

王洋：那，咱们一起去广安里看看吧。

佳英：怎么去好啊?

王洋：坐地铁吧，地铁又方便又便宜。

佳英：好吧。

(在广安里海边)

佳英：哇! 真是太漂亮了! 听人说广安大桥也叫"钻石大桥"，果然名副其实啊!

王洋：是啊，这里的夜景更美!哟，12点了，咱们去吃海鲜吧，釜山的海鲜可是又便宜又新鲜! 对了! 还要喝杯韩国烧酒! 这才够味儿。

佳英：你倒像是韩国人了! 哈哈。走，今天我请客!

Jiāyīng : Kǎoshì jiéshù le, zánmen jīntiān chūqu fàngsōng yixià, zěnmeyàng?

Wáng Yáng : Hǎo ɑ! Nǐ xiǎng qù nǎr? Nǐ dōu qù guò Fǔshān shénme dìfang?

Jiāyīng : Shuō shíhuà, wǒ bú shì Fǔshānrén, hěn duō dìfang dōu méi qùguo ne.Tīngshuō Fǔshān de hǎibiān, xiàng Hǎiyúntái a、Guǎng'ānlǐ a, dōu hěn piàoliang.

Wáng Yáng : Bú huì bɑ! Nàxiē dìfang, wǒ dōu qùguo hǎo jǐ cì le, nǐ zhè gè Hánguórén, jìngrán lián Guǎng'ānlǐ dōu méi qùguo?

Jiāyīng : Zhēn shì bù hǎoyìsi, wǒ zhè shì dì-yī cì lái Fǔshān.

Wáng Yáng : Nà, zánmen yìqǐ qù Guǎng'ānlǐ kànkan bɑ.

Jiāyīng : Zěnme qù hǎo ā?

Wáng Yáng : Zuò dìtiě bɑ, dìtiě yòu fāngbiàn yòu piányi.

Jiāyīng : Hǎo bɑ.

(Zài Guǎng'ānlǐ hǎibiān)

Jiāyīng : Wa! Zhēn shì tài piàoliang le! Tīng rén shuō Guǎng'ān Dàqiáo yě jiào "Zuànshí Dàqiáo", guǒrán míngfùqíshí ɑ!

Wáng Yáng : Shì a, zhèli de yèjǐng gèng měi! Yō, 12 diǎn le, zánmen qù chī hǎixiān bɑ, Fǔshān de hǎixiān kě shì yòu piányi yòu xīnxiān! Duì le! Hái yào hē bēi Hánguó shāojiǔ! Zhè cái gòuwèir.

Jiā Yīng : Nǐ dào xiàng shì Hánguórén le! Haha, zǒu, jīntiān wǒ qǐngkè!

새 단어

LS 10-2

1	放松	동	fàngsōng	편안히 하다, 스트레스를 풀다	5
2	考试	명	kǎoshì	시험	2
3	结束	동	jiéshù	끝나다	3
4	海边	명	hǎibiān	바닷가	
5	连…(都…)	개	lián…(dōu…)	…조차도 (모두…하다)	4
6	方便	형	fāngbiàn	편리하다	3
7	钻石	명	zuànshí	다이아몬드	6
8	果然	부	guǒrán	과연	4
9	名副其实	성	míngfùqíshí	명실상부하다, 명성과 실제가 부합하다	6
10	美	형	měi	아름답다	4
11	烧酒	명	shāojiǔ	소주	
12	才	부	cái	비로소, 겨우, 가까스로	3
13	够味儿		gòuwèir	제대로다, (맛, 느낌 등이) 충분하다	4

해설

1. 说实话

实话는 진실된 말, 거짓없는 말입니다. '说实话'라고 하면, '사실대로 진심을 말하자면'이라는 의미로, 필요에 따라 문장 중간에도 사용할 수 있는 삽입어입니다.

(1) 说实话，我不是釜山人，很多地方都没去过。
Shuō shíhuà, wǒ bú shì Fǔshānrén, hěn duō dìfang dōu méi qùguo.
실은, 내가 부산사람이 아니라서, 가 본 데가 별로 없어.

(2) 说实话，其实我很喜欢你。
Shuō shíhuà, qíshí wǒ hěn xǐhuan nǐ.
진심을 말하자면, 실은 나는 너를 좋아해.

(3) 李老师的法语课，说实话，我一点儿也听不懂。
Lǐ lǎoshī de Fǎyǔ kè, shuō shíhuà, wǒ yìdiǎnr yě tīng bu dǒng.
이선생님의 프랑스어과목은, 사실은, 난 하나도 못 알아듣겠어.

2. ~啊, ~啊,

둘 이상을 예로 들면서 나열할 때, 품사의 제약 없이 자유롭게 사용합니다.

(1) 像海云台啊、广安里啊，都很漂亮。
Xiàng Hǎiyúntái a、Guǎng'ānlǐ a, dōu hěn piàoliang.
해운대라던가, 광안리라던가, 모두 아름답다.

(2) 我爱吃中国菜，糖醋肉啊、炸酱面啊，都很好吃。
Wǒ ài chī Zhōngguó cài, tángcù ròu a、zhájiàngmiàn a, dōu hěn hǎochī.
나는 중국요리를 좋아한다, 탕수육, 짜장면, 다 맛있다.

(3) 我的腿完全好了，走啊、跳啊、跑啊，都没问题。

Wǒ de tuǐ wánquán hǎo le，zǒu a、tiào a、pǎo a，dōu méi wèntí.

다리가 완전히 다 나아서, 걷고, 뛰고, 달리고, 모두 문제없다.

· 糖醋肉	고유	tángcù ròu	탕수육	
· 腿	명	tuǐ	다리	3

4. 名副其实

우리말의 '명실상부(名實相符)'와 같은 성어로, "이름(명성)이 실제상황에 걸맞는다(과장되지 않는다)."는 의미를 갖고 있습니다. 여러 의미를 함축적으로 표현한 성어는 네 글자로 이루어진 것이 많아서 '사자성어'라고도 합니다. 적절한 상황에 성어를 쓰면 고급스러운 표현을 구사할 수 있습니다.

(1) 听人说广安大桥也叫"钻石大桥"，果然名副其实啊!

Tīng rén shuō Guǎng'ān Dàqiáo yě jiào "Zuànshí Dàqiáo"，guǒrán míngfùqíshí ɑ!

사람들이 광안대교를 '다이아몬드 브릿지'라고도 부른다고 하더니만, 과연 이름값을 하는구나!

(2) 你不用甜言蜜语了，我不会帮你的忙。

Nǐ bú yòng tiányán-mìyǔ le，wǒ bú huì bāng nǐ de máng.

너 입에 발린 좋은 말할 필요 없어, 난 너 도와주지 않을 거야.

(3) 她已经走了，你现在后悔，真是悔之晚矣!

Tā yǐjīng zǒu le，nǐ xiànzài hòuhuǐ，zhēn shì huǐzhīwǎnyǐ.

그녀는 이미 떠났는데, 넌 지금 후회해봤자, 정말이지 너무 늦은 후회로구나!

· 甜言蜜语	성	tiányán-mìyǔ	달콤한 말(흔히 부정적인 의미로 쓰임)	
· 后悔	동	hòuhuǐ	후회하다	4
· 悔之晚矣	성	huǐzhīwǎnyǐ	후회하기에는 너무 늦었다	

듣기와 말하기 연습

LS 10-3

1 잘 듣고 그대로 말해보세요.

1.
2.
3.
4.
5.

2 문제를 듣고 대답해 보세요.

1.
2.
3.

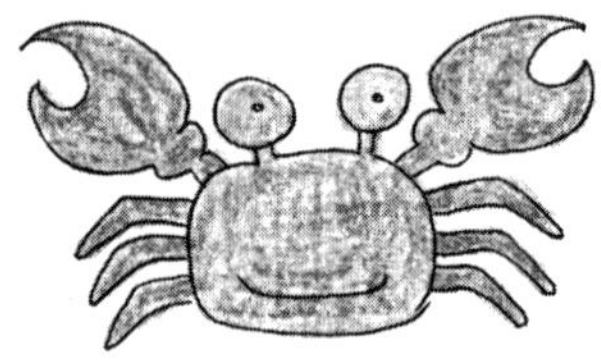

3 다음 질문에 대답해 보세요.

1. 佳英说“果然名副其实啊”，她为什么这么说?
2. 佳英说“你倒像是韩国人了”，这句话是什么意思?

HSK 연습문제

【 듣기영역 】

LS 10-4

- 듣기의 모든 문항은 두 번씩 들려드립니다.

1번-3번. 대화내용을 잘 듣고 관계있는 그림을 고르세요.

예 男：喂，请问张经理在吗?

女：他正在开会，您半个小时以后再打，好吗？　　　　D

A 

B 

C 

D 

1. （　　）
2. （　　）
3. （　　）

4번-6번. 들려주는 문장을 잘 듣고, 제시된 내용이 맞으면 √, 틀리면 X를 괄호 안에 표시하세요.

예 为了让自己更健康，他每天都花一个小时去锻炼身体。

★ 他希望自己很健康。　　　　（√）

今天我想早点儿回家。看了看表，才5点，过了一会儿再看表，还是5点，我这才发现我的手表不走了。

那块手表不是他的。 (X)

4. ★ 他们都喜欢音乐。 ( )
5. ★ 老王很担心女儿。 ( )
6. ★ 他每天很早起床。 ( )

7번-8번. 대화를 잘 듣고 질문에 맞는 답을 고르세요.

예 男：小王，帮我开一下门，好吗？谢谢!
女：没问题，您去超市了？买了这么多东西。
问：男的想让小王做什么？
A 开门 √ B 拿东西 C 去超市买东西

7. A 不喜欢做饭 B 有空就帮忙 C 不想帮妻子忙
8. A 很便宜 B 都很好吃 C 都是坏的

9번-10번. 대화를 잘 듣고 질문에 맞는 답을 고르세요.

예 女：晚饭做好了，准备吃饭了。
男：等一会儿，比赛还有三分钟就结束了。
女：快点儿吧，一起吃，菜凉了就不好吃了。
男：你先吃，我马上就看完了。
问：男的在做什么？
A 洗澡 B 吃饭 C 看电视 √

9. A 朋友 B 同事 C 夫妻
10. A 女的去过北京 B 男的没去过北京 C 日本同学来过中国

【 말하기영역 】

11번-15번. 잘 듣고 그대로 말해보세요.

11.

12.

13.

14.

15.

16번. 그림을 보고 2분 동안 준비하여 5문장 이상의 길이로 설명하세요. 준비시간이 끝나기 1분 전에 알림음이 나옵니다.

17번. 2분 동안 준비하여 다음 질문에 5문장 이상의 길이로 대답하세요. 준비시간이 끝나기 1분 전에 알림음이 나옵니다.

请给大家介绍一个你熟悉的地方。

第11课 我爱玩儿电脑!

Wǒ ài wánr diànnǎo!

제 11 과 나는 컴퓨터 하는 것을 좋아해요!

핵 심 표 현

1. 光
2. ……死了
3. 你信吗?
4. 好啦，好啦!

第11课　我爱玩儿电脑!

Wǒ ài wánr diànnǎo!

会话

LS 11-1

妈妈：都11点了，你还在玩儿电脑啊!

妹妹：妈妈，让我再玩儿一会儿吧，拜托!

妈妈：你每天光玩儿电脑，什么时候学习啊？ 从今天开始，你一天最多只能玩儿半个小时，听见没有?

妹妹：哦，知道了。可是，我平时用电脑不是玩儿游戏呀，而是做作业呢！ 一天半个小时，怎么做得完啊?

爸爸：这么晚了，你们在干什么？吵死了!

妈妈：你女儿这么晚了还在玩儿电脑。我说了她两句，她却说平时不是在玩儿游戏，而是在用电脑做作业，你信吗?

妹妹：真的，妈妈。现在很多作业都要用电脑做呢。

爸爸：好啦，好啦！ 别吵啦。这样吧，把电脑搬到客厅，这样孩子可以继续用电脑做作业，咱们也可以知道她在干什么。这不是一举两得吗?

妈妈：对呀，这真是个好主意！就这么办。

Māmɑ : Dōu 11 diǎn le, nǐ hái zài wánr diànnǎo ɑ!

Mèimei : Māmɑ, ràng wǒ zài wánr yíhuìr bɑ, bàituō!

Māmɑ : Nǐ měitiān guāng wánr diànnǎo, shénme shíhou xuéxí a? Cóng jīntiān kāishǐ, nǐ yì tiān zuì duō zhǐ néng wánr bàn gè xiǎoshí, tīngjiàn méiyǒu?

Mèimei : Ò, zhīdào le.Kěshì, wǒ píngshí yòng diànnǎo bú shì wánr yóuxì ya, ér shì zuò zuòyè ne! Yì tiān bàn gè xiǎoshí, zěnme zuò de wán a?

Bàbɑ : Zhème wǎn le, nǐmen zài gàn shénme? Chǎo si le!

Māmɑ : Nǐ nǚ'ér zhème wǎnle hái zài wánr diànnǎo,wǒ shuōle tā liǎng jù, tā què shuō píngshí bú shì zài wánr yóuxì, ér shì zài yòng diànnǎo zuò zuòyè, nǐ xìn ma?

Mèimei : Zhēnde, māmɑ.Xiànzài hěn duō zuòyè dōu yào yòng diànnǎo zuò ne.

Bàbɑ : Hǎo la, hǎo la! Bié chǎo la.Zhèyàng bɑ, bǎ diànnǎo bān dào kètīng, zhèyàng háizi kěyǐ jìxù yòng diànnǎo zuò zuòyè, zánmen yě kěyǐ zhīdào tā zài gàn shénme.Zhè bú shì yìjǔ-liǎngdé ma?

Māmɑ : Duì yā, zhè zhēn shì gè hǎo zhǔyi! Jiù zhème bàn.

새 단어

LS 11-2

1	还	부	hái	아직,아직도	2
2	一会儿		yíhuìr	잠깐, 잠시	3
3	拜托	동	bàituō	부탁하다	6
4	光	부	guāng	오로지, ~만	4
5	从…… 开始		cóng···kāishǐ	~ 부터 (시작해서)	2
6	只能		zhǐ néng	~만 할 수 있다	3
7	平时	명	píngshí	평소, 평상시	4
8	晚	형	wǎn	늦다	
9	干	동	gàn	하다, 일하다	4
10	吵	형	chǎo	시끄럽다	4
11	却	부	què	오히려, 도리어	4
12	信	동	xìn	믿다	3
13	继续	동	jìxù	계속하다	4
14	一举两得	성	yìjǔ-liǎngdé	일거양득	6
15	对	형	duì	맞다	2
16	办	동	bàn	(일을)처리하다	

해설

1. 光

光은 구어체에서 동사 앞에 붙이는 부사로서, '오로지 ~만'의 의미로 쓰이며, '只'와 같습니다.

(1) 你每天光玩儿电脑，什么时候学习啊?

Nǐ měitiān guāng wánr diànnǎo，shénme shíhou xuéxí a?

너는 매일 게임만 하고, 도대체 언제 공부할 거니?

(2) 爸爸一到周末就光看电视，什么都不做。

Bàba yí dào zhōumò jiù guāng kàn diànshì，shénme dōu bú zuò.

아버지는 주말만 되면 TV만 보고, 아무 일도 안 한다.

(3) 她不光是著名的作家，还是一位很有名的书法家。

Tā bùguāng shì zhùmíng de zuòjiā，háishì yí wèi hěn yǒumíng de shūfǎjiā.

그녀는 저명한 작가일 뿐만 아니라, 유명한 서예가이기도 하다.

· 著名	명	zhùmíng	저명하다	4
· 作家	명	zuòjiā	작가	
· 书法家	명	shūfǎjiā	서예가	

2. ……死了

死了는 형용사 뒤에 붙여서, 그 정도가 매우 심함을 나타냅니다. '~해 죽겠다'의 의미로 좋지 않은 상황에 쓰입니다.

(1) 吵死了!

Chǎo si le!

시끄러워 죽겠다!

(2) 你今天事情太多了，累死了吧!

Nǐ jīntiān shìqing tài duō le，lèi si le bɑ!

오늘 일이 너무 많네, (너) 많이 피곤하겠다!

(3) 今天的气温零下13度，冻死我啦!

Jīntiān de qìwēn língxià 13 dù，dòng si wǒ la!

오늘은 영하 13도라서, (내가) 얼어 죽겠다!

· 气温	명	qìwēn	기온	
· 零下	명	língxià	영하	
· 度	양	dù	도	
· 冻	동	dòng	얼다	5

3. 你信吗?

믿기 힘든 상황을 얘기하고 나서, 뒤이어 '너 믿을 수 있니?'라는 뜻으로 반문하여 그 상황이 도저히 믿기 힘든 상황이라는 것을 강조하는 표현입니다.

(1) 他说不是在玩儿游戏，而是在用电脑做作业，你信吗?

Tā shuō bú shì zài wánr yóuxì，ér shì zài yòng diànnǎo zuò zuòyè，nǐ xìn ma?

오락하는 게 아니라 컴퓨터로 숙제하는 거라는데, 당신이라면 믿겠어요?

(2) 他说北京去年8月下了很大的雪，你信吗?

Tā shuō Běijīng qùnián 8 yuè xiàle hěn dà de xuě，nǐ xìn ma?

그가 베이징에 작년 8월에 함박눈이 내렸다는데, 너 믿을 수 있겠니?

(3) 王老师那么年轻，听说儿子都已经上大学了，你信吗?

Wáng lǎoshī nàme niánqīng，tīngshuō érzi dōu yǐjīng shàng dàxué le，nǐ xìn ma?

왕 선생님 그렇게 젊으신데, 아들이 벌써 대학생이래, 너 믿겠냐?

4. 好啦，好啦!

상대방이 흥분해 있거나 화가 나 있을 때, '됐어, 됐어!'하는 의미로 상황을 진정시키기 위해서 쓰이는 구어체적인 관용어입니다. 어법상으로는 '好了'가 맞는 표현이지만, 구어에서는 '好啦' 라고 말하는 경우가 더 많습니다.

(1) 好啦，好啦，别吵了!
Hǎo la，hǎo la! Bié chǎo la.
됐어, 됐어, 그만 싸워!

(2) 好啦，好啦，别再哭了!
Hǎo la，hǎo la，bié zài kū le!
됐어, 됐어, 이제 울지 마!

(3) 好啦，好啦! 儿子在那儿过得很好，别太担心。
Hǎo la，hǎo la! Érzi zài nàr guò de hěn hǎo，bié tài dānxīn.
괜찮아, 괜찮아, 아들 거기서 잘 지내고 있으니, 너무 걱정하지 마라.

· 担心 동 dānxīn 걱정하다 3

듣기와 말하기 연습

LS 11-3

1 잘 듣고 그대로 말해보세요.

1.
2.
3.
4.
5.

2 문제를 듣고 대답해 보세요.

1.
2.

3 다음 질문에 대답해 보세요.

1. 妈妈为什么生气了?
2. 爸爸说了什么好主意?

HSK 연습문제

【 듣기영역 】

LS 11-4

• 듣기의 모든 문항은 두 번씩 들려드립니다.

1번-3번. 대화내용을 잘 듣고 관계있는 그림을 고르세요.

예 男：喂，请问张经理在吗?

女：他正在开会，您半个小时以后再打，好吗？　　　　　D

A 

B 

C 

D 

1. (　　)
2. (　　)
3. (　　)

4번–6번. 들려주는 문장을 잘 듣고, 제시된 내용이 맞으면 √, 틀리면 X를 괄호 안에 표시하세요.

예 为了让自己更健康，他每天都花一个小时去锻炼身体。

★ 他希望自己很健康。　　　　(√)

今天我想早点儿回家。看了看表，才5点，过了一会儿再看表，还是5点，我这才发现我的手表不走了。

★ 那块手表不是他的。 (X)

4. ★ 他今天没抽烟。 (　　)

5. ★ 儿子现在在家。 (　　)

6. ★ 那个老人正坐着。 (　　)

7번-8번. 대화를 잘 듣고 질문에 맞는 답을 고르세요.

예 男：小王，帮我开一下门，好吗？谢谢！

女：没问题，您去超市了？买了这么多东西。

问：男的想让小王做什么？

A 开门 √　B 拿东西　C 去超市买东西

7. A 邮局　B 车站　C 机场

8. A 坐车比骑车快　B 骑车比坐车快　C 坐车骑车一样快

9번-10번. 대화를 잘 듣고 질문에 맞는 답을 고르세요.

예 女：晚饭做好了，准备吃饭了。

男：等一会儿，比赛还有三分钟就结束了。

女：快点儿吧，一起吃，菜凉了就不好吃了。

男：你先吃，我马上就看完了。

问：男的在做什么？

A 洗澡　B 吃饭　C 看电视 √

9. A 这是毕业考试　B 不是第一门考试了　C 没有紧张的时间

10. A　银行　　　　B　邮局　　　　C　超市

【 말하기영역 】

11번-15번. 잘 듣고 그대로 말해보세요.

11.

12.

13.

14.

15.

16번. 그림을 보고 2분 동안 준비하여 5문장 이상의 길이로 설명하세요. 준비시간이 끝나기 1분 전에 알림음이 나옵니다.

17번. 2분 동안 준비하여 다음 질문에 5문장 이상의 길이로 대답하세요. 준비시간이 끝나기 1분 전에 알림음이 나옵니다.

请说说你平时用电脑做什么?

第12课　奶奶，我想您了！

Nǎinai，wǒ xiǎng nín le!

제 12 과　할머니, 보고 싶어요!

핵심표현

1. 盼星星，盼月亮
2. 对了
3. 地地道道

第12课　奶奶，我想您了!

Nǎinɑi，wǒ xiǎng nín le!

会话

LS 12-1

俊晧：喂，奶奶，我是俊晧啊!

奶奶：哟! 是我的宝贝孙子啊!

俊晧：奶奶，您身体怎么样? 叔叔一家都好吗?

奶奶：我们都很好，听你叔叔说最近你要过来，我每天盼星星盼月亮，兴奋得都睡不着了!

俊晧：奶奶您还像个孩子一样! 我下周一放假就去，我的几个中国朋友也想去玩儿几天，可以吗?

奶奶：当然可以了，你叔叔已经给你们安排好了。

俊晧：是吗? 怎么安排的?

奶奶：也就是钓鱼啦，游泳啦什么的。这边的水果都熟了，就等着你们回来吃呢。对了，你的中国朋友们都爱吃什么啊? 告诉奶奶，奶奶给他们做!

俊晧：太好了! 奶奶做的菜都好吃! 这次我想让他们体验一下韩国的农村生活，尝尝地道的农家菜。顺便我也去大饱口福!

Jùnhào：Wèi，nǎinai，wǒ shì Jùnhào a!

Nǎinai：Yō! Shì wǒ de bǎobèi sūnzi a!

Jùnhào：Nǎinai，nín shēntǐ zěnmeyàng? Shūshu yì jiā dōu hǎo ma?

Nǎinai：Wǒmen dōu hěn hǎo，tīng nǐ shūshu shuō zuìjìn nǐ yào guòlai，wǒ měitiān pàn xīngxing pàn yuèliang，xīngfèn de dōu shuì bu zháo le!

Jùnhào：Nǎinai nín hái xiàng gè háizi yíyàng! Wǒ xià zhōu yí fàngjià jiù qù，wǒ de jǐ gè Zhōngguó péngyou yě xiǎng qù wánr jǐ tiān，kěyǐ ma?

Nǎinai：Dāngrán kěyǐ le，nǐ shūshu yǐjīng gěi nǐmen ānpái hǎo le.

Jùnhào：Shì ma? Zěnme ānpái de?

Nǎinai：Yě jiùshì diàoyú la，yóuyǒng la shénme de. Zhèbian de shuǐguǒ dōu shú le，jiù děngzhe nǐmen huílai chī ne. Duì le，nǐ de Zhōngguó péngyoumen dōu ài chī shénme a? Gàosu nǎinai，nǎinai gěi tāmen zuò!

Jùnhào：Tài hǎo le! Nǎinai zuò de cài dōu hǎochī! Zhè cì wǒ xiǎng ràng tāmen tǐyàn yixià Hánguó de nóngcūn shēnghuó，chángchang dìdao de nóngjiācài. Shùnbiàn wǒ yě qù dàbǎo-kǒufú!

새 단어

LS 12-2

1	宝贝	명	bǎobèi	보물	5
2	孙子	명	sūnzi	손자	4
3	叔叔	명	shūshu	삼촌, 작은 아버지	3
4	盼	동	pàn	(몹시) 바라다, 기대하다, 갈망하다	5
5	星星	명	xīngxing	별	
6	兴奋	형	xīngfèn	흥분하다	4
7	睡(不)着		shuì (bu) zháo	잠이 (못) 들다	
8	当然	부	dāngrán	당연히	3
9	安排	동	ānpái	알맞게 배치하거나 처리하다	4
10	钓鱼	동	diàoyú	낚시하다	5
11	熟	형	shú	익다	
12	农家菜		nóngjiācài	농촌 음식	
13	体验	동	tǐyàn	경험하다, 체험하다	5
14	地道	형	dìdao	고유의 색채나 풍미가 살아있다	5
15	顺便	부	shùnbiàn	~하는 김에	4
16	饱	형	bǎo	배부르다	3
17	口福	명	kǒufú	먹을 복	

해설

1. 盼星星盼月亮

盼은 '간절히 바라다'라는 뜻을 가진 동사로서, 盼星星, 盼月亮은 달님, 별님에게 기도하듯 간절히 바라고 기다린다는 의미로 쓰이는 관용어입니다.

(1) 我盼星星盼月亮，兴奋得都睡不着觉了！

Wǒ pàn xīngxing pàn yuèliang, xīngfèn de dōu shuì bu zháo le!

나는 기다리고 또 기다리느라, 흥분돼서 잠도 안 온다.

(2) 昨天下班的时候突然下起了大雨，我盼星星盼月亮，终于等来了一辆出租车！

Zuótiān xiàbān de shíhou tūrán xià qi le dà yǔ, wǒ pàn xīngxing pàn yuèliang, zhōngyú děng lai le yí liàng chūzūchē!

어제 퇴근 길에 갑자기 큰 비가 내리기 시작해서, 기다리고 또 기다려서야, 마침내 택시 한 대가 왔다.

(3) 球迷们盼星星盼月亮，自己的球队总算赢了一场！

Qiúmímen pàn xīngxing pàn yuèliang, zìjǐ de qiúduì zǒngsuàn yíngle yì cháng!

축구광들은 오매불망, 자기팀이 결국은 한 경기 이기기를 바란다.

· 突然	형	tūrán	갑자기, 불현듯	3
· 终于	부	zhōngyú	마침내	3
· 总	부	zǒng	언젠가는, 늘	
· 球迷	명	qiúmí	축구광	
· 赢	동	yíng	이기다	4
· 场	양	cháng	(한)바탕(운동경기, 비 등)	4

2. 对了

对了는 감탄사처럼 쓰여, 어떤 일을 잊고 있다가 갑자기 생각났을 때 '아 참!'하고 외치는 표현입니다.

(1) 对了，你的中国朋友们都爱吃什么啊?

Duì le, nǐ de Zhōngguó péngyoumen dōu ài chī shénme a?

맞다, 네 중국친구들은 뭘 잘 먹니?

(2) 对了，你明天别忘了带照相机。

Duì le, nǐ míngtiān bié wàngle dài zhàoxiàngjī.

아 참, 너 내일 카메라 갖고 오는 거 잊지 마.

(3) 对了，张老师刚才找过你呢，我差点儿忘了!

Duì le, Zhāng lǎoshī gāngcái zhǎoguo nǐ ne, wǒ chàdiǎnr wàng le!

아 참, 장선생님께서 좀 전에 너를 찾으셨는데, (내가) 깜빡 잊을 뻔 했네!

· 照相机 명 zhàoxiàngjī 카메라, 사진기 3

3. 형용사의 중첩

단순한 성질형용사를 겹쳐서 쓰면 훨씬 생생한 느낌을 주는 상태형용사가 됩니다. 성질형용사는 AA, AABB의 형태로 중첩하여 상태형용사가 되고, 상태형용사 중 고정적으로 쓰이는 비유형용사는 ABAB의 형태로 중첩합니다.

(1) 地道的农家菜：地地道道的农家菜

Dìdao de nóngjiācài：dìdi-daodao de nóngjiācài

(성질형용사의 중첩>상태형용사)

정통 시골요리 : 원조 정통의 맛을 지닌 시골밥상

(2) 高兴的表情：高高兴兴的表情

gāoxìng de biǎoqíng：gāogāo-xìngxìng de biǎoqíng

(성질형용사의 중첩>상태형용사)

신난 표정 : 신나서 날아갈 것 같은 표정

(3) 雪白的脸 : 雪白雪白的脸

xuěbái de liǎn : xuěbái xuěbái de liǎn

(비유형용사의 중첩)

눈처럼 하얀 얼굴 : 새하얗고 창백하기까지 한 얼굴

· 表情	명	biǎoqíng	표정	6

듣기와 말하기 연습

LS 12-3

1 잘 듣고 그대로 말해보세요.

1.
2.
3.
4.
5.

2 문제를 듣고 대답해 보세요.

1.
2.

3 다음 질문에 대답해 보세요.

1. 俊浩给奶奶打电话说了些什么?
2. 俊浩想让中国朋友们体验什么?

HSK 연습문제

【 듣기영역 】

LS 12-4

- 듣기의 모든 문항은 두 번씩 들려드립니다.

1번-3번. 대화내용을 잘 듣고 관계있는 그림을 고르세요.

예 男：喂，请问张经理在吗?

女：他正在开会，您半个小时以后再打，好吗?　　　　　　　D

A

B

C

D

1.　　　　　　　　　(　　　)

2.　　　　　　　　　(　　　)

3.　　　　　　　　　(　　　)

4번-6번. 들려주는 문장을 잘 듣고, 제시된 내용이 맞으면 √, 틀리면 X를 괄호 안에 표시하세요.

예 为了让自己更健康，他每天都花一个小时去锻炼身体。

★ 他希望自己很健康。　　　　　　　　　　(√)

今天我想早点儿回家。看了看表，才5点，过了一会儿再看表，还是5点，我这才发现我的手表不走了。

★ 那块手表不是他的。　(X)

4. ★ 他刚来中国的时候，一切都很好。　(　)

5. ★ 会议从十点十分开始。　(　)

6. ★ 说话人一共买了四斤苹果。　(　)

7번-8번. 대화를 잘 듣고 질문에 맞는 답을 고르세요.

예 男：小王，帮我开一下门，好吗？谢谢!

女：没问题，您去超市了？买了这么多东西。

问：男的想让小王做什么？

A 开门 √　B 拿东西　C 去超市买东西

7. A 一天内　B 一个小时　C 一个星期

8. A 爱抽烟　B 爱喝茶　C 睡得早

9번-10번. 대화를 잘 듣고 질문에 맞는 답을 고르세요.

예 女：晚饭做好了，准备吃饭了。

男：等一会儿，比赛还有三分钟就结束了。

女：快点儿吧，一起吃，菜凉了就不好吃了。

男：你先吃，我马上就看完了。

问：男的在做什么？

A 洗澡　B 吃饭　C 看电视 √

9. A 星期五　B 星期六　C 星期天

10. A 大学老师　B 公司职员　C 大学生

【 말하기영역 】

11번-15번. 잘 듣고 그대로 말해보세요.

11.

12.

13.

14.

15.

16번. 그림을 보고 2분 동안 준비하여 5문장 이상의 길이로 설명하세요. 준비시간이 끝나기 1분 전에 알림음이 나옵니다.

17번. 2분 동안 준비하여 다음 질문에 5문장 이상의 길이로 대답하세요. 준비시간이 끝나기 1분 전에 알림음이 나옵니다.

请说说你有哪些好习惯和坏习惯。

본 문 해 석

제1과 진돗개 백구

영주: 강아지 너무 귀엽다!
쯔량: 너도 강아지 좋아하니? 나도 강아지는 너무 좋아하는데, 고양이는 안 좋아해. 맞다, 나는 띠도 개띠야!
영주: 너 우리 한국에서 가장 유명한 개가 어떤 개인지 아니?
쯔량: 모르겠는데, 말해봐!
영주: 진돗개야. 진도는 한국의 서남쪽에 있는 작은 섬이야.
쯔량: 그럼 진돗개는 분명 아주 예쁜 개겠구나?
영주: 그건 아니야. 보기엔 아주 평범하지. 하지만, 진돗개는 주인에게 아주 충성스러워! 예전에 백구라는 진돗개가 있었는데, 주인과 어미개한테 돌아오려고, 7개월이나 걸려서, 대전에서 고향인 진도까지 걸어왔단다, 300킬로미터를 말이야!
쯔량: 너네 한국인들이 이렇게 진돗개를 좋아하는 건 당연한 거네!

제2과 난 올해 스무 살이다!

정이 : 여보세요? 미애니? 나 정이야.
미애 : 정말 오랜만이다, 정이야! 인천에 있는 대학에 가기로 했다면서, 언제 가는 거니?
정이 : 3월 1일 입학이라서, 2월 26일날 가려고 해. 그리고, 3월 1일이 내 스무 번째 생일이야.
미애 : 정말? 어떻게 그렇게 됐니? 먼저 생일 축하해!
정이 : 고마워! 올해 생일은 미리 보내려고 해. 다음 주 금요일 오후에 너 시간 있니? 너 우리 집에 초대하고 싶은데, 우리 고등학교 친구들도 몇 명 오거든. 모두 같이 놀자!
미애 : 좋아! 나도 대학 가기 전에 우리 친한 친구들 만나고 싶었는데!
정이 : 그럼 다음 주 오후 5시에 우리 집으로 와. 먼저 우리 엄마 아빠랑 같이 밥 먹자, 부모님께서 큰 생일 케이크도 사 놓으셨어. 밥 먹고 나서, 우리 같이 주점에 가서 맥주도 마시고, 노래방 가서 노래도 부르자, 어때?
미애 : 너무 잘 됐다! 우린 이제 성인이니까, 술집 가서 술 마셔도 되겠구나!
정이 : 그래, 신분증 갖고 오는 거 잊지 마.

제3과 올림픽 에피소드

가영 : (너 그거) 알아? 우리 한국의 강원도 평창에서 2018년 동계올림픽 유치에 성공했다구!
왕밍 : 나도 뉴스 봤어! 정말 축하해! 한국은 1988년에 하계 올림픽을 치뤘는데, 30년이 지나서 또 올림픽이 또 한국에 오게 됐구나! 너네는 2002년에 월드컵도 치뤘잖아, 정말 대단하다!
가영 : 우리 한국사람들도 모두 아주 기뻐하고 있어!

왕밍 : 올림픽 역사 중에는, 아주 재미있는 에피소드들도 많다고 하더라. 예전에 어떤 마라톤 선수가 있었는데, 경기 중에 피곤한 나머지, 어떤 관중의 집에 가서 하룻밤을 자고, 다음날에서야 숙소로 돌아왔대!

가영 : 하하……놀랍게도 그런 일이 있었구나! 2018년엔, 한국에서 또 어떤 재미난 일들이 벌어질지 모르겠는걸!

왕밍 : 맞아! 베이징에서도 2008년에 올림픽이 열렸는데, 난 정말 동계 올림픽이랑 월드컵이 중국에서 열리는 그 날이 왔으면 좋겠다.

가영 : 반드시 그런 날이 올 거야, 난 너희들을 믿어!

제4과 특별한 발렌타인데이!

샤오쟝 : 샤오린, 너 그렇게 급하게, 도대체 어딜 가는 거니?

샤오린 : 내일이 발렌타인데이잖아, 나 남자친구한테 줄 초콜릿 사러 마트에 가. 샤오쟝, 넌 다 샀니?

샤오쟝 : 맙소사! 네가 말 안했으면 하마터면 잊어버릴 뻔 했다.

샤오린 : 너도 참! 이렇게 중요한 일을 어떻게 잊어버릴 수가 있니? 너 설마 작년 4월 14일에 우리 둘이 검은 색 옷 입고 짜장면 먹으러 간 일을 벌써 잊어버린 거니?

샤오쟝 : 그러게, 어떻게 잊어버릴 수가 있니! 그 아픈 기억을. 겨우 겨우 이렇게 멋진 남자친구를 만났는데, 게다가 처음으로 같이 지내는 기념일인데, 꼭 성대하게 축하해야지.

샤오린 : 맞아! 내일 기념일을 잘 지내면, 넌 다음 달 14일에 보답 선물을 받을 수 있을 거야. 각양각색 달고도 맛있는 사탕이나 아니면 다른 맛있는 걸로.

샤오쟝 : 난 침이 다 고인다야.

샤오린 : 그럼 우리 같이 마트에 사러 가자. 같이 상의도 할 수 있고.

샤오쟝 : 좋아! 조금만 기다려, 나 정리하고 바로 출발하자.

제5과 한류가 왔다!

샤오왕 : 한국의 최근에 젤 인기 있는 그룹"소녀시대"가 월드투어 콘서트를 한대. 다음 달 중순에 중국에 온다더라!

샤오리우 : 뭐라고? 너 거짓말하지 마!

샤오왕 : 내가 왜 너한테 거짓말을 하니? 못 믿겠으면 인터넷 들어가 봐.

샤오리우 : 맙소사! 너무 흥분된다! 언제 어디서 하는데?

샤오왕 : 인터넷에 보니까, 아직 결정되지 않았대, 그렇지만 상하이 홍치아오 체육관에서 할 가능성이 많지.

샤오리우 : 우리 여기서 고속열차타고 상하이까지 가면, 두 시간 안에 도착하지?

샤오왕 : 그래! 길어야 두 시간이지. 요즘은 고속열차가 있어서 아주 편리하지.

샤오리우 : 우리 꼭 미리 기차표 예매해야겠다! 그때 가서 기차표가 없으면 안 되지.

샤오왕 : 기차표는 열흘 전에야 예매할 수 있어. 지금은 아직도 한 달도 더 남았는걸.

샤오리우 : 그래? 내가 흥분해서 좀 오버한 거 같다.

샤오왕 : 너도 너도! 걸핏하면 흥분하기는!

第6과 재미있는 한국의 한자어

현진 : 先辈(선배)! (선배도) 쇼핑하러 오셨어요?
선배 : 현진아, 너구나. 어? 너 좀 전에 나를 뭐라고 불렀더라? "先辈"?
현진 : 왜요? 뭐가 잘못됐어요?
선배 : "先辈" 이 단어는 중국에서 지금은 대부분 이미 돌아가신 선인들에 대한 존칭이야. 넌 말이야, 나를 "师兄"이라고 해야 맞는 거야.
현진 : 우리 한국어 중에 많은 한자어 발음과 뜻이 중국어랑 아주 비슷해요. 하지만, 자세히 보면, 다른 부분도 아주 많더라구요.
선배 : 맞아, 이런 단어들은 어떨 땐 중국어에서의 뜻을 짐작할 수도 있지만, 한국어의 "경리(经理)"、"학원(学院)"、"기차(汽车)"、"편지(便纸)"등등 이런 것들은, 중국어 뜻과는 완전히 다르지.
현진 : 선배, 우리 같이 그 식당에 가서 밥 먹어요, 먹으면서 얘기해요.
선배 : 좋지! 그런데, 학교 안에 있는 식당 같은 건 "食堂"이라고 부르고, 밖에 있는 건 "饭店"이라고 한단다.
현진 : 또 틀렸네요. 가요, 오늘은 내가 살게요!
선배 : 그럼 (내가) 어떻게 체면이 서겠냐.
현진 : 무슨 말이에요, 우리 사이에.

第7과 "베이징 떠돌이" 떠돌고 또 떠돌다

현진 : 듀크! 오랜만이다! 너 대학 졸업했다던데, 지금은 어디서 일하니?
듀크 : 현진아! 진짜 오랜만이다. 에휴, 말도 마, 일은 무슨. 보시다시피 아직도 이렇게 백수로 떠돌고 있는 걸.
현진 : 떠돌고 있다고? 너도 "베이징 떠돌이족"에 가입한 거야?
듀크 : 베이징에 몇 년 있더니, 너 중국어 진짜 빨리 늘었구나, "北漂"이런 말을 다 알고, 대단한 걸!
현진 : 내 중국 친구 중 여러 명이 대학 졸업하고 나서, 대학원에 진학할 생각이 없고, 나도 고향에 돌아가고 싶지 않아서, 너랑 마찬가지야, 모두들 베이징에서 "떠돌아 다니고" 있지. 그뿐인 줄 아니, 내 몇몇 한국 친구들도 졸업하고 나서도 귀국 안하고, 베이징에서 취직하고 싶어 해, 역시 "외국인 베이징 떠돌이"인 셈이지.
듀크 : 그래 맞아. 요즘은 좋은 데 취직하기가 정말 힘들어!
현진 : 한국에서도 마찬가지야. 그렇지만, 듀크, 너네 집은 저지앙이잖아, 고향에 돌아가서 취직하는 것도 좋지 않니?
듀크 : 네 말이 맞아. 며칠만 더 버텨 보고, 그래도 안 되면, 고향으로 가서 구해봐야지.

第8과 쇼핑을 하며 한국을 보다

듀크 : 나나, 너 그렇게 헐레벌떡, 어딜 가는 거니?
나나 : 마트. 거기 과일이 지금 세일 중이래.
듀크 : 여자들은 하여간 쇼핑이라면 사족을 못 쓴다니깐.
나나 : 맞아, 난 쇼핑 좋아해, 특히 한국의 대형 마트! 물건도 많고, 싸기도 하고, 배고프면 안에서

뭘 먹을 수도 있잖아. 공짜 시식도 되고, 안에 푸드코트도 있고. 먹고 나서 계속 쇼핑도 하고, 몇 시간이 걸려도 피곤할 리가 없지!

듀크 : 여자들은 쇼핑을 시작했다하면, 피곤한 줄을 모른다니까.

나나 : 한국의 대형마트에서는 일정 시간마다 광고음악을 틀어 주고, 직원들이 음악에 따라 박수도 치고, 노래도 부르고, 인사도 하지. 직원들의 이렇게 친절한 태도를 보면, 물건을 더 많이 사고 싶다는 충동이 들곤 하는데, 어떻게 피곤할 수가 있니?

듀크 : 이왕에 네가 이렇게나 쇼핑을 좋아한다니, 돌아올 때 나한테 맥주 두 병만 사다 줘, 고마워!

제9과 겨울 속의 봄

듀크 : 현진아, 이제 곧 겨울방학인데, 넌 귀국할거니 아니면 중국에서 여행 갈거니?

현진 : 난 먼저 여행 갔다가, 귀국해서 설 쇠려구. 맞다, 듀크, 나 하얼삔에 가고 싶어, 거기엔 겨울에 "얼음등축제"가 있는데 너무너무 아름답대!

듀크 : 음, 하얼삔도 좋긴 좋지, 하지만 만약에 네가 겨울 속의 봄 햇볕을 느끼고 싶다면, 너보고 윈난에 가보라고 권하겠다!

현진 : 좋은 생각이다! 벌써부터 "봄의 도시" 쿤밍의 명성을 들어왔었는데! 친구가 그러는데, 거긴 사계절 모두 생화가 피어 있대.

듀크 : 그래! 윈난에는 20여 개의 소수민족이 있는데, 그 아름다운 전통의상만 해도 너에게 아주 신선한 감동을 안겨 줄 거야.

현진 : 거기엔 또 열대과일이 싸고도 맛있다던데!

듀크 : 그럼 (너) 아예 이렇게 해. 방학 하면 먼저 하얼삔에 가서 얼음등을 구경하고, 그 다음에 부모님한테 중국에 오시라고 해서, 같이 윈난에 가서 봄날의 설을 보내는 거야.

현진 : 좋은 생각이다. 얼른 가서 아빠한테 전화해야지!

제10과 우리 스트레스 풀러 가자!

가영 : 시험이 끝났다, 우리 오늘 스트레스 풀러 가자, 어때?

왕양 : 좋아! 너 어디 가고 싶은데? (너) 부산의 어디 어디 가봤니?

가영 : 사실, 난 부산사람이 아니라서, 안 가본 데가 아주 많아. 해운대나 광안리 같은 부산 바닷가가 무척 아름답다고 들었어.

왕양 : 설마! 그런 곳은 나도 몇 번이나 가 봤는걸, 넌 한국인인데, 설마 광안리도 안 가 봤단 말이야?

가영 : 정말 믿기 힘들겠지만, 난 이번이 부산에 첨 온 거거든.

왕양 : 그럼, 우리 광안리에 가보자.

가영 : 어떻게 가는 게 좋을까?

왕양 : 지하철 타고 가자, 지하철이 편리하고 경제적이지.

가영 : 좋아.

(광안리해변에서)

가영 : 와! 정말 너무 예쁘다! 광안대교를 "다이아몬드 브릿지"라고도 한다더니, 과연 이름값을 하는구나!

왕양 : 맞아, 이곳의 야경은 더 멋있어! 어, 열 두 시다, 우리 해산물 먹으러 가자, 부산의 해산물은

정말이지 싸고 신선하거든. 맞다! 한국 소주도 한 잔 해야지! 그래야 제대로지.
가영 : 너야말로 한국사람 같다! 하하, 가자, 오늘은 내가 쏜다!

제11과 나는 컴퓨터 하는 것을 좋아해요!

엄마 : 열 한시나 되었네, 너 아직도 컴퓨터 하는 거야?
동생 : 엄마, (나) 조금만 더 하게 해주세요, 제발~!
엄마 : 넌 매일 컴퓨터 오락만 하고, 언제 공부를 할 거니? 오늘부터 (너는) 하루에 최대 30분만 하도록 해, 알았니?
동생 : 응, 알았어요. 그렇지만, 내가 평소에 컴퓨터 쓰는 건 게임하는 게 아니라, 숙제하는 거라구요! 하루에 30분이라니, 어떻게 숙제를 다 하겠어요?
아빠 : (시간이) 이렇게 늦었는데, 뭐 하는 거야? 시끄러워 죽겠네!
엄마 : 당신 딸이 이렇게 늦었는데 아직도 컴퓨터 게임을 하고 있잖아요. 내가 한 마디 했더니, 저 녀석이 오히려 평소에 게임을 하는 게 아니라, 숙제를 하는 거라네요, 당신이라면 믿겠어요?
동생 : 정말이에요, 엄마. 요즘엔 많은 숙제를 컴퓨터로 해야 한다고요.
아빠 : 됐어, 됐어! 싸우지 좀 말라구. 이렇게 하지. 컴퓨터를 거실로 옮기자구, 그러면 딸은 계속해서 컴퓨터로 숙제를 할 수 있고, 우리는 아이가 뭘 하고 있는지 알 수 있으니까. 그렇게 하면 일거양득이 아니겠어?
엄마 : 맞네요, 그거 정말 좋은 생각이군요! 그렇게 하도록 하죠.

제12과 할머니, 보고 싶어요!

준호 : 여보세요, 할머니, 저 준호에요!
할머니 : 오, 내 귀한 손자구나!
준호 : 할머니, 건강은 어떠세요? 삼촌댁 식구들도 잘 지내시죠?
할머니 : 여긴 다 괜찮다, 네 삼촌이 네가 조만간 올 거라고 하던데, 매일 오매불망 그 날만 기다리느라 잠을 다 설치는구나!
준호 : 하하. 할머니는 아직도 애들 같아요. 저 다음 주에 방학하자마자 갈 거에요. 제 중국친구들 몇 명도 거기 가서 며칠 놀고 싶어 하는데, 그래도 되죠?
할머니 : 당연히 되지, 네 삼촌이 벌써 너네들 위해서 준비 다 해놨단다.
준호 : 그래요? 뭐뭐 준비하셨는데요?
할머니 : 낚시도 하고, 수영도 하고 그런 거지 뭐. 여기 과일이 다 익었단다, 너네들이 와서 먹기만 기다리고 있단다. 아참, 네 중국친구들이 뭘 좋아하니? 할머니한테 말해주렴, 할머니가 친구들한테 만들어 주마.
준호 : 너무 좋아요! 할머니가 만든 요리는 다 맛있어요. 이번에 친구들한테 한국의 농촌생활도 경험하고, 원조 시골음식도 맛보게 해 주고 싶어요, 저도 덩달아 먹을 복이 터지겠네요!

연습문제 및 HSK 듣기와 말하기 연습문제 지문 및 답안

제 1 과

진돗개 백구

【 듣기와 말하기 연습 】

1 잘 듣고 그대로 말해보세요.

1. 好可爱的小狗啊。
2. 我喜欢狗，不喜欢猫。
3. 对了，我还是属狗的呢。
4. 珍岛是韩国西南部的一个小岛。
5. 珍岛犬对主人特别忠诚。

2 문제를 듣고 대답해 보세요.

1. 珍岛犬是很漂亮的狗吗?
2. 你是属什么的?
3. 韩国最有名的狗是什么?
4. 那只有名的珍岛犬叫什么名字?

【 HSK 연습문제 】

듣기영역 지문

1번-5번. 대화내용을 잘 듣고 관계있는 그림을 고르세요.

每题听两次。这部分试题是根据录音中的对话选择正确的图片。

例如你听到下面的对话：

男：喂，请问张经理在吗?

女：他正在开会，您半个小时以后再打，好吗?

看到以下几张图片。图片E是一个人在打电话，为正确选择：E

现在开始第1题：

1. 男：你怎么了？看起来脸色这么不好！
   女：我刚从医院回来，医生让我多休息，多喝水。
2. 男：妈妈，太晚了！来不及上课了！今天早上我不洗澡了！
   女：让你早点起床，就是不听！
3. 女：中国的那个运动员昨天得了第一名！
   男：是吗？太可惜了，昨天晚上我有事，没看比赛。
4. 女：我很久没回国了，爸爸妈妈和朋友们都说很想我。
   男：那你快发一张你在中国旅行的照片给他们吧。
5. 女：请您等一下，绿灯亮了再过马路。
   男：哦，对不起，我没看到。

6번－10번. 들려주는 문장을 잘 듣고, 제시된 내용이 맞으면 √, 틀리면 X를 괄호 안에 표시하세요.

每题听两次。这部分试题是根据录音中的句子判断正误。例如，你听到下面一句话：

为了让自己更健康，他每天都花一个小时去锻炼身体。

“为了”表示目的，每天花一个小时锻炼身体的目的，是让自己更健康。所以根据听力内容，“他希望自己很健康”这句话是正确的：

★ 他希望自己很健康。 (√)

又如，你听到一句话：

今天我想早点儿回家。看了看表，才5点，过了一会儿再看表，还是5点，我这才发现我的手表不走了。

根据“我这才发现我的手表不走了”这句话中的“我的手表”可以判断出手表是他的。因此句子“那块表不是他的”是错的：

★ 那块手表不是他的。 (X)

现在开始第6题：

6. 他的汉语说得很流利，如果看不到他的人，只听他的声音，别人都以为他是中国人。

★ 他长得很像中国人。

7. 虽然我的宿舍很安静，但是我不爱在那儿学习。我喜欢在宿舍听听音乐或者上网跟朋友聊天。我常常去图书馆学习。

★ 他不喜欢在宿舍学习，因为宿舍很吵。

8. 中国有汽车的家庭越来越多了。我妻子也想买一辆汽车，可是我还是觉得坐公共汽车不错，不开车对环境有好处。

★ 妻子不想买汽车。

9. 我以前不买贵的东西，可今天我也想去买套名牌穿穿看，也许这样我会心情好一点儿。

★ 他今天心情不好。

10. 周末有时候我在家休息，打扫房间，有时候跟朋友一起出去逛街、吃饭、看电影。明天我还没想好做什么呢。

★ 明天是周末。

11번-13번. 대화를 잘 듣고 질문에 맞는 답을 고르세요.

每题听两次。这部分试题是根据录音中的对话选择正确答案。例如，你听到下面一段对话：

男：小王，帮我开一下门，好吗？谢谢！

女：没问题，您去超市了？买了这么多东西。

问：男的想让小王做什么？

根据对话可知，男的买了很多东西，手里拿着东西不好开门，想让小王帮助开门。因此A“开门”是正确答案：

A 开门 √　　B 拿东西　　C 去超市买东西

现在开始第11题：

11. 女：小王，办公楼前面那辆白色的车是你的吧？

男：不是，旁边那辆黑色的是我的。

问：小王的车是什么颜色的？

12. 男：妈妈，小明看什么呢?

女：看小说呢，都看了一上午了。

问：小明看什么呢?

13. 男：请问，去颐和园坐几路车?

女：对不起，我也是来北京旅游的，你再问问别人吧。

问：女的来北京做什么?

14번－16번. 대화를 잘 듣고 질문에 맞는 답을 고르세요.

每题听两次。这部分试题是根据录音中的较长对话选择正确答案。例如，你听到下面一段对话：

女：晚饭做好了，准备吃饭了。

男：等一会儿，比赛还有三分钟就结束了。

女：快点儿吧，一起吃，菜凉了就不好吃了。

男：你先吃，我马上就看完了。

问：男的在做什么?

根据对话，女的做好了饭，要男的准备吃饭，男的说等一会儿，比赛还有三分钟就结束了，让女的先吃，他马上就看完了。可知男的是在家里看比赛，是看电视上的比赛。因此试卷上的C“看电视”是正确答案：

A 洗澡　　B 吃饭　　C 看电视 √

现在开始第14题：

14. 女：请问这里是十一排十四号吗?

男： 不是，这是十二号，十四号在里边。

女：谢谢，请让我过去一下，好吗?

男：您请!

问：他们最可能在哪儿?

15. 男：老师，请问我应该去哪个教室参加考试?

女：你是几班的学生?

男：我是2班的。

女：那你在301教室考试。

问：男的是几班的学生?

16. 男：小王，你看那不是娜娜吗?

女：不会吧，娜娜哪有这么高的个子?

男：你不知道吧，娜娜今年已经15岁了。

女：是吗? 我都3年没见她了，成了大孩子了!

问：他们说的那个人是谁?

말하기영역

17번–21번. 잘 듣고 그대로 말해보세요.

每题播放一个句子，请听后重复一次。

17. 请问哪儿有去机场的大巴?
18. 我常想起小时候的游戏。
19. 大笑对人的身体有好处。
20. 每个人都希望有好工作。
21. 我的手机随时可以上网。

【 HSK 연습문제 답안 】

1	2	3	4	5	6	7	8	9	10	11	12	13	14	15	16
B	D	F	A	C	X	X	X	√	√	B	B	A	B	B	A

제 2 과

난 올해 스무 살이다

【 듣기와 말하기 연습 】

1 잘 듣고 그대로 말해보세요.

1. 好长时间没见了。
2. 3月1号开学，我打算2月26号去。
3. 真的? 这么巧啊!
4. 今年的生日，我想提前过。
5. 我也很想见见咱们的老同学呢!

2 문제를 듣고 대답해 보세요.

1. 廷伊的生日是哪一天?
2. 廷伊要去哪里上大学?
3. 廷伊为什么给美爱打电话?
4. 廷伊和美爱是什么关系?
5. 爸爸妈妈和他们一起喝酒吗?

【 HSK 연습문제 】

듣기영역

1번－5번. 대화내용을 잘 듣고 관계있는 그림을 고르세요.

每题听两次。这部分试题是根据录音中的对话选择正确的图片。

例如你听到下面的对话：

男：喂，请问张经理在吗?

女：他正在开会，您半个小时以后再打，好吗?

看到以下几张图片。图片E是一个人在打电话，为正确选择：E

现在开始第1题：

1. 男：你今天早上怎么没上课啊?

女：别提了，昨晚我做作业做到2点多，今天早上起床的时候已经8点了!

2. 男：天啊，你买了这么多东西! 这要花多少钱啊?

女：唉，我这个人就是这样，看到漂亮的衣服就忍不住。

3. 男：这么漂亮的蛋糕啊! 今天是谁的生日?

女：是我朋友的，她今年20岁了。

4. 女：你看什么呢? 快来吃饭了!

男：等会儿! 正播着足球比赛呢! 看完再吃!

5. 男：大家一起来! 为了我们的友谊!

女：干杯! 一定要全喝掉啊!

6번－10번. 들려주는 문장을 잘 듣고, 제시된 내용이 맞으면 √, 틀리면 X를 괄호 안에 표시하세요.

每题听两次。这部分试题是根据录音中的句子判断正误。例如，你听到下面一句话：

为了让自己更健康，他每天都花一个小时去锻炼身体。

“为了”表示目的，每天花一个小时锻炼身体的目的，是让自己更健康。所以根据听力内容，“他希望自己很健康”这句话是正确的：

★ 他希望自己很健康。 (√)

又如，你听到一句话：

今天我想早点儿回家。看了看表，才5点，过了一会儿再看表，还是5点，我这才发现我的手表不走了。

根据“我这才发现我的手表不走了”这句话中的“我的手表”可以判断出手表是他的。因此句子“那块表不是他的”是错的：

★ 那块手表不是他的。 (X)

现在开始第6题：

6. 好不容易找到了他，谁知道小李又叫他出去办事，没办法，我只能明天再来了。

★ 我找到他很容易。

7. 我在北京才住了半个月，妻子就打电话告诉我说家里有事，让我快点回家。

★ 我在北京已经很长时间了。

8. 老徐这个人听说很能干，明天我要去上海办事，你看请他跟我一起去，怎么样?

★ 我听老徐说你很能干。

9. 最近天气一直不好，今天终于晴了。我打算去爬爬山，因为下雨，我好长时间没有锻炼身体了。

★ 下雨的时候我想去爬山。

10. 这件衣服不大不小，不长不短，不肥不瘦，样子也很好，就是不是我想要的蓝色。

★ 这件衣服她非常满意。

11번－13번. 대화를 잘 듣고 질문에 맞는 답을 고르세요.

每题听两次。这部分试题是根据录音中的对话选择正确答案。例如，你听到下面一段对话：

男：小王，帮我开一下门，好吗? 谢谢!

女：没问题，您去超市了? 买了这么多东西。

问：男的想让小王做什么?

根据对话可知，男的买了很多东西，手里拿着东西不好开门，想让小王帮助开门。因此A“开门”是正确答案：

A 开门 √ B 拿东西 C 去超市买东西

现在开始第11题：

11. 女：先生，可以开始了吗?

男：再等等，等人都到齐了再点菜。

问：他们最可能在什么地方?

12. 男：廷伊，明年该大学毕业了吧?

女：我是去年毕业的，现在都工作了!

问：廷伊什么时候毕业?

13. 女：杜克，看到廷伊了吗？经理找她。

男：正在楼下打电话呢，你去找找看吧。

问：廷伊在做什么？

14번－16번. 대화를 잘 듣고 질문에 맞는 답을 고르세요.

每题听两次。这部分试题是根据录音中的较长对话选择正确答案。例如，你听到下面一段对话：

女：晚饭做好了，准备吃饭了。

男：等一会儿，比赛还有三分钟就结束了。

女：快点儿吧，一起吃，菜凉了就不好吃了。

男：你先吃，我马上就看完了。

问：男的在做什么？

根据对话，女的做好了饭，要男的准备吃饭，男的说等一会儿，比赛还有三分钟就结束了，让女的先吃，他马上就看完了。可知男的是在家里看比赛，是看电视上的比赛。因此试卷上的C“看电视”是正确答案：

A 洗澡　　B 吃饭　　C 看电视 √

现在开始第14题：

14. 男：时间过得真快啊!

女：是啊，这个学期就要结束了，马上就要放假回国了。

男：我要买点礼物，不知道给小妹妹买什么好。

女：小女孩儿都喜欢动物玩具，你给她买个玩具熊猫吧。

问：男的要去哪儿？

A 旅游　　B 回国　　C 学习

15. 女：喂，请问杜克在吗？

男：杜克？我们这里没这个人啊。

女：你不是2757-1120吗？

男：不是，是1160.

女：对不起，我打错了。

问：杜克的电话号码是多少?

A 2757-1160　B 2757-1120　C 2557-1120

16. 男：我的家乡在北京的南边，你看，就是这儿!

女：这上面的字太小了，我看不清楚。

男：这儿有副眼镜，你用它看。

女：哦，看到了，天津市。

问：他们最可能在看什么?

A 电影　B 眼镜　C 地图

말하기영역

17번-21번. 잘 듣고 그대로 말해보세요.

每题播放一个句子，请听后重复一次。

17. 这种水果我从来没见过。
18. 我非常喜欢吃西红柿。
19. 中国有很多希望小学。
20. 他对台湾电视剧一无所知。
21. 谁说我不如他跑得快?

【 HSK 연습문제 답안 】

1	2	3	4	5	6	7	8	9	10	11	12	13	14	15	16
F	B	A	D	C	X	X	X	X	X	B	C	A	B	B	C

제 3 과

올림픽 에피소드

【 듣기와 말하기 연습 】

1 잘 듣고 그대로 말해보세요.

1. 韩国成功申请到了2018年冬奥会。
2. 韩国举办过奥运会和世界杯，真是了不起!
3. 在奥运会的历史上，有很多很有趣的故事。
4. 一个马拉松运动员睡在了观众家里。
5. 我相信你们也能举办奥运会。

2 문제를 듣고 대답해 보세요.

1. 韩国的哪个城市要举办2018年冬奥会?
2. 为什么说"韩国真了不起"?
3. 北京举办了哪一年的奥运会?

【 HSK 연습문제 】

듣기영역

1번–5번. 대화내용을 잘 듣고 관계있는 그림을 고르세요.

每题听两次。这部分试题是根据录音中的对话选择正确的图片。

例如你听到下面的对话：

男：喂，请问张经理在吗?

女：他正在开会，您半个小时以后再打，好吗?

看到以下几张图片。图片E是一个人在打电话，为正确选择：E

现在开始第1题：

1. 男：明天是年轻人的节日，你们有什么活动吗?

女：我们都参加表演，有的跳舞，有的唱歌。

2. 男：咱们明天去看电影，好吗？听说最近在演一个美国片。

女：明晚我有点事，要不周末去吧。

3. 女：这是您点的烤鸭，请慢用。

男：请再给我一瓶啤酒。谢谢。

4. 女：你怎么上着课就睡觉了？

男：唉，昨天晚上我玩了一晚上电脑游戏，眼睛都睁不开了。

5. 女：请出示您的车票，谢谢。

男：好的。请问还有多长时间到上海？

6번-10번. 들려주는 문장을 잘 듣고, 제시된 내용이 맞으면 √, 틀리면 X를 괄호 안에 표시하세요.

每题听两次。这部分试题是根据录音中的句子判断正误。例如，你听到下面一句话：

为了让自己更健康，他每天都花一个小时去锻炼身体。

“为了”表示目的，每天花一个小时锻炼身体的目的，是让自己更健康。所以根据听力内容，“他希望自己很健康”这句话是正确的：

★ 他希望自己很健康。 (√)

又如，你听到一句话：

今天我想早点儿回家。看了看表，才5点，过了一会儿再看表，还是5点，我这才发现我的手表不走了。

根据“我这才发现我的手表不走了”这句话中的“我的手表”可以判断出手表是他的。因此句子“那块表不是他的”是错的：

★ 那块手表不是他的。 (X)

现在开始第6题：

6. 天气预报说今天下午有小雪，到了三点多钟，天上真的飘起了雪花。

★ 天气预报真准。

7. 杜克上课迟到了半小时，不是起来晚了，是路上堵车了。

★ 杜克迟到是因为起晚了。

8. 昨天从学校回来，书包忘在出租车上了，里面有护照、钱，还有一个照相机。

★ 昨天他的包丢了。

9. 公园里有一条小河，河边是一片绿色的草地，很多小朋友在那里跑来跑去，开心极了。

★ 小朋友在河里跑来跑去。

10. 北京的杜克要来上海开会，廷伊让我去机场接他。

★ 廷伊去机场接杜克。

11번-13번. 대화를 잘 듣고 질문에 맞는 답을 고르세요.

每题听两次。这部分试题是根据录音中的对话选择正确答案。例如，你听到下面一段对话：

男：小王，帮我开一下门，好吗？谢谢！

女：没问题，您去超市了？买了这么多东西。

问：男的想让小王做什么？

根据对话可知，男的买了很多东西，手里拿着东西不好开门，想让小王帮助开门。因此A "开门"是正确答案：

A 开门 √　　B 拿东西　　C 去超市买东西

现在开始第11题：

11. 女：杜克，我去超市买东西，你陪我去好吗？

男：对不起，我在等人，麻烦你帮我买一瓶啤酒回来吧。

问：男的让女的帮他做什么？

12. 男：我还没见过你妹妹的男朋友呢。

女：就是照片上后排的那个男孩儿。他们下个月就结婚了！

问：妹妹结婚了吗？

13. 女：晚上不开车，来一点啤酒怎么样？

男：还是来一点白酒吧。

问：男的想喝什么酒？

14번-16번. 대화를 잘 듣고 질문에 맞는 답을 고르세요.

每题听两次。这部分试题是根据录音中的较长对话选择正确答案。例如，你听到下面一段对话：

女：晚饭做好了，准备吃饭了。

男：等一会儿，比赛还有三分钟就结束了。

女：快点儿吧，一起吃，菜凉了就不好吃了。

男：你先吃，我马上就看完了。

问：男的在做什么?

根据对话，女的做好了饭，要男的准备吃饭，男的说等一会儿，比赛还有三分钟就结束了，让女的先吃，他马上就看完了。可知男的是在家里看比赛，是看电视上的比赛。因此试卷上的C“看电视”是正确答案：

A 洗澡　　B 吃饭　　C 看电视 √

现在开始第14题：

14. 女：对不起，打扰一下。

男：您有什么事?

女：我想问一下，去故宫怎么走?

男：在前面的车站坐211路，就能到。

问：女的想去哪儿?

15. 男：你打算在这里学习几年呢?

女：我想学两年，你呢?

男：我本来也想学两年，可是现在我家里有事，只好提前半年回国了。

女：是吗? 真可惜!

问：男的学习多长时间?

16. 女：看看电影票，是几点的?

男：晚上七点的。

女：我们早半个小时出发就来得及。

男：好的，六点半准时见!

问：电影几点开始?

말하기영역

17번–21번. 잘 듣고 그대로 말해보세요.

每题播放一个句子，请听后重复一次。

17. 每个国家都有自己传统的饮食。
18. 我买了一束鲜花送给女朋友。
19. 这里住的大部分是年轻人。
20. 他高中的时候特别喜欢打篮球。
21. 飞往上海的飞机晚点了。

【 HSK 연습문제 답안 】

1	2	3	4	5	6	7	8	9	10	11	12	13	14	15	16
D	B	A	C	F	√	X	√	X	X	C	B	B	C	C	C

제 4 과

특별한 발렌타인데이

【 듣기와 말하기 연습 】

1 잘 듣고 그대로 말해보세요.

1. 看你急的，这是要去哪儿啊?
2. 我去超市给男朋友买巧克力啊。
3. 真是的! 这么重要的事怎么能忘?
4. 我的口水都快要流出来了。
5. 好不容易才找了这么帅的男朋友。

2 문제를 듣고 대답해 보세요.

1. 明天是什么日子?
2. 小林去超市做什么?
3. 他们去年为什么去吃炸酱面?
4. 小张的男朋友怎么样?
5. 下个月14号他们会收到什么?

【 HSK 연습문제 】

듣기영역 지문

1번-3번. 대화내용을 잘 듣고 관계있는 그림을 고르세요.

每题听两次。这部分试题是根据录音中的对话选择正确的图片。

例如你听到下面的对话：

男：喂，请问张经理在吗?

女：他正在开会，您半个小时以后再打，好吗?

看到以下几张图片。图片一个人在打电话，为正确选择。

现在开始第1题：

1. 男：你今天中午吃饭了吗?

女：中午太忙了，没时间吃，我下午回家后买了几个面包吃了。

2. 男：昨天你带孩子们去哪儿了?

女：昨天是我大儿子的生日，带他们去超市买玩具了。

3. 男：今年夏天好热。

女：是啊，我每天都和家人一起去游泳。

4번-6번. 들려주는 문장을 잘 듣고, 제시된 내용이 맞으면 √, 틀리면 X를 괄호 안에 표시하세요.

每题听两次。这部分试题是根据录音中的句子判断正误。例如，你听到下面一句话：

为了让自己更健康，他每天都花一个小时去锻炼身体。

"为了"表示目的，每天花一个小时锻炼身体的目的，是让自己更健康。所以根据听力内容，"他希望自己很健康"这句话是正确的：

★ 他希望自己很健康。 (√)

又如，你听到一句话：

今天我想早点儿回家。看了看表，才5点，过了一会儿再看表，还是5点，我这才发现我的手表不走了。

根据"我这才发现我的手表不走了"这句话中的"我的手表"可以判断出手表是他的。因此句子"那块表不是他的"是错的：

★ 那块手表不是他的。 (X)

现在开始第4题：

4. 今天晚上的电影8点开始，我7点以前先吃完饭，然后找个地方喝咖啡，我在喝咖啡的地方等你。到了以后给我打电话。

★ 他们要一起吃饭，看电影。

5. 昨天听小赵说小王上星期结婚了，他结婚的时候为什么也不告诉我呢？周末咱们一起去他家看看吧。

★ 我刚知道小王结婚了。

6. 今天我拿了很多行李箱坐出租车去机场，到了机场后，发现没有带钱，就打电话给姐姐，让她给我送钱。

★ 姐姐先去了飞机场。

7번-8번. 대화를 잘 듣고 질문에 맞는 답을 고르세요.

每题听两次。这部分试题是根据录音中的对话选择正确答案。例如，你听到下面一段对话：

男：小王，帮我开一下门，好吗？谢谢！

女：没问题，您去超市了？买了这么多东西。

问：男的想让小王做什么？

根据对话可知，男的买了很多东西，手里拿着东西不好开门，想让小王帮助开门。因此A "开门"是正确答案：

A 开门 √　　B 拿东西　　C 去超市买东西

现在开始第7题：

7. 男：哎！下课后和我们一起去图书馆吧？

女：不行啊！我下午要参加一个会议，没时间。

问：女的为什么不能去图书馆？

8. 男：哇！你家有这么多的书啊？

女：不是我的，是朋友借给我看的。

问：书是谁的？

9번-10번. 대화를 잘 듣고 질문에 맞는 답을 고르세요.

每题听两次。这部分试题是根据录音中的较长对话选择正确答案。例如，你听到下面一段对话：

女：晚饭做好了，准备吃饭了。

男：等一会儿，比赛还有三分钟就结束了。

女：快点儿吧，一起吃，菜凉了就不好吃了。

男：你先吃，我马上就看完了。

问：男的在做什么？

根据对话，女的做好了饭，要男的准备吃饭，男的说等一会儿，比赛还有三分钟就结束了，让女的先吃，他马上就看完了。可知男的是在家里看比赛，是看电视上的比赛。因此试卷上的C"看电视"是正确答案：

A 洗澡　B 吃饭　C 看电视 √

现在开始第9题：

9. 男：这个周末是小王的生日，我们一起去他家参加他的生日聚会吧？

女：小王的生日！哎呀！我差点忘了。

男：刘老师这周没有课，叫她也一起去吧？

女：好好！刘老师一定很高兴。

问：最有可能几个人去小王家？

10. 男：最近我好忙！累死了！

女：是吗！听说你这学期选了十门课。

男：没办法，我想早点儿毕业，找个好的公司工作啊。

女：那你要注意身体，不要太累了！

问：男的最可能是做什么的？

말하기영역

11번-15번. 잘 듣고 그대로 말해보세요.

每题播放一个句子，请听后重复一次。

11. 我有两个儿子和一个女儿。
12. 我的护照号码是50772884.
13. 很想和大家一起过春节。
14. 那些香蕉都卖完了。

15. 不要相信他的话。

16. 생략

17. 생략

【 HSK 연습문제 답안 】

1	2	3	4	5	6	7	8	9	10
B	D	A	X	√	X	A	C	A	C

제 5 과

한류가 왔다!

【 듣기와 말하기 연습 】

1 잘 듣고 그대로 말해보세요.

1. 不信你自己去网上查查看。
2. 用不了两个小时就到了吧。
3. 现在有高铁真是方便多了。
4. 咱们得提前订票啊!
5. 提前10天才可以预订的。

2 문제를 듣고 대답해 보세요.

1. 韩国那个歌手组合要来中国?
2. 韩国歌星在中国的演唱会可能在哪儿举行?
3. 从小刘那里到上海要多长时间?
4. 火车票要提前几天预订?
5. 现在离演唱会还有多长时间?

【 HSK 연습문제 】

듣기영역 지문

1번-5번. 대화내용을 잘 듣고 관계있는 그림을 고르세요.

每题听两次。这部分试题是根据录音中的对话选择正确的图片。

例如你听到下面的对话：

男：喂，请问张经理在吗?

女：他正在开会，您半个小时以后再打，好吗?

看到以下几张图片。图片E是一个人在打电话，为正确选择：E

现在开始第1题：

1. 男：你怎么了？哪儿不舒服吗？
   女：昨天为了准备考试，一晚上没有睡觉。
2. 男：昨天你没去上班吗？
   女：昨天我去机场接一个朋友去了。
3. 男：最近天气这么好，你没有出去玩儿玩儿啊？
   女：我每个周末都和家人一起去爬山什么的。
4. 女：啊！下雨了，我没带伞，怎么办啊？
   男：没关系，我这里有两把伞。
5. 男：他的女朋友个子真高啊！
   女：是啊，他女朋友是篮球运动员。

6번-10번. 들려주는 문장을 잘 듣고, 제시된 내용이 맞으면 √, 틀리면 X를 괄호 안에 표시하세요.

每题听两次。这部分试题是根据录音中的句子判断正误。例如，你听到下面一句话：

为了让自己更健康，他每天都花一个小时去锻炼身体。

“为了”表示目的，每天花一个小时锻炼身体的目的，是让自己更健康。所以根据听力内容，“他希望自己很健康”这句话是正确的：

★ 他希望自己很健康。 (√)

又如，你听到一句话：

今天我想早点儿回家。看了看表，才5点，过了一会儿再看表，还是5点，我这才发现我的手表不走了。

根据“我这才发现我的手表不走了”这句话中的“我的手表”可以判断出手表是他的。因此句子“那块表不是他的”是错的：

★ 那块手表不是他的。 (X)

现在开始第6题：

6. 为了这次的期末考试，他这两个星期下了课也不回家，而是去图书馆学习。

★ 他经常下课不回家。

7. 他刚刚开始学习游泳，游得还不太好，不敢去水深的地方。

★ 他学习游泳的时间不长。

8. 我和同事今天中午都很忙，没有时间吃饭。所以，下午下班以后，我们决定一起出去好好吃点儿东西。

★ 他和同事一起吃午饭了。

9. 昨天我的手机丢了，到处都找不到。没办法，只好再买一个新的。

★ 他新买的手机丢了。

10. 我家附近这家超市的东西很多，很全，几乎什么都有。我买东西一般是去那儿。

★ 这家超市离她家很近。

11번-13번. 대화를 잘 듣고 질문에 맞는 답을 고르세요.

每题听两次。这部分试题是根据录音中的对话选择正确答案。例如，你听到下面一段对话：

男：小王，帮我开一下门，好吗？谢谢！

女：没问题，您去超市了？买了这么多东西。

问：男的想让小王做什么？

根据对话可知，男的买了很多东西，手里拿着东西不好开门，想让小王帮助开门。因此A“开门”是正确答案：

A 开门 √　　B 拿东西　　C 去超市买东西

现在开始第11题：

11. 男：今天我们公司不忙，我提前下班去你家找你吧？

女：下午不行啊！明天吧。我有事儿要出去，晚上才回来。

问：他们最早什么时候能见面？

12. 男：你看这里的风景多漂亮啊，可是我没带照相机。

女：没事，用我的手机照吧。

问：男的想做什么？

13. 女：我感冒了，身体有点不舒服。下课后你开车来接我吧。

男：我5点半以前一定到，你在教室等着我。

问：男的要做什么?

14번-15번. 대화를 잘 듣고 질문에 맞는 답을 고르세요.

每题听两次。这部分试题是根据录音中的较长对话选择正确答案。例如，你听到下面一段对话：

女：晚饭做好了，准备吃饭了。

男：等一会儿，比赛还有三分钟就结束了。

女：快点儿吧，一起吃，菜凉了就不好吃了。

男：你先吃，我马上就看完了。

问：男的在做什么?

根据对话，女的做好了饭，要男的准备吃饭，男的说等一会儿，比赛还有三分钟就结束了，让女的先吃，他马上就看完了。可知男的是在家里看比赛，是看电视上的比赛。因此试卷上的C"看电视"是正确答案：

A 洗澡　　B 吃饭　　C 看电视 √

现在开始第14题：

14. 男：我们一起去看电影吧!

女：不行啊，我有急事要出去。明天好吗?

男：怎么说去看电影，你都有急事。

女：不好意思! 谢谢你啊! 下次一定一起去。

问：男的想什么时候去看电影?

15. 男：喂，贤真，你在哪儿呢?

女：是杜克啊。我在超市呢，我家里没菜了，鸡蛋也不多了，所以来买点。

男：太好了，你帮我买两瓶啤酒好吗?

女：你啊，就知道喝酒。好吧。

问：女的去超市想买什么?

말하기영역

16번-20번. 잘 듣고 그대로 말해보세요.

每题播放一个句子，请听后重复一次。

16. 他们每天都一起去上学。
17. 我的宿舍房间号码是524。
18. 我今天买了几双袜子。
19. 一桌子菜都吃完了。
20. 我遇见了一个老朋友。
21. 생략
22. 생략

【 HSK 연습문제 답안 】

1	2	3	4	5	6	7	8	9	10	11	12	13	14	15
C	A	B	D	F	X	√	X	X	√	C	A	B	A	C

제 6 과

재미있는 한국어의 한자어

【 듣기와 말하기 연습】

1 잘 듣고 그대로 말해보세요.

1. 你刚才叫我什么来着?
2. 你呀，应该叫我“学姐”才对。
3. 咱们去边吃边聊。
4. 走，今天我请客!
5. 哪儿的话，咱们俩谁跟谁啊。

2 문제를 듣고 대답해 보세요.

1. 汉语中“先辈”是对什么人的尊称?
2. 在中国，对比自己大几岁的男生应该叫什么?
3. “食堂”是哪里的餐厅?
4. 今天吃饭谁付钱?

【 HSK 연습문제 】

듣기영역 지문

1번-5번. 대화내용을 잘 듣고 관계있는 그림을 고르세요.

每题听两次。这部分试题是根据录音中的对话选择正确的图片。

例如你听到下面的对话：

男：喂，请问张经理在吗?

女：他正在开会，您半个小时以后再打，好吗?

看到以下几张图片。图片E是一个人在打电话，为正确选择：E

现在开始第1题：

1. 男：明天咱们一起去逛街吧?

   女：哪有时间逛街! 你看我的作业还有一大堆呢。

2. 女：你上周末都干什么了?

   男：没干什么，在家躺了一天。

3. 男：我学会了开车，明天我开车带你出去玩儿吧?

   女：太好了，我叫几个朋友一起去。

4. 女：这几天天气一直不好，越来越冷了。

   男：是啊，老是阴天，是不是要下雪了?

5. 男：这是什么菜? 这么好吃。

   女：这是这家饭店的拿手菜。

6번-10번. 들려주는 문장을 잘 듣고, 제시된 내용이 맞으면 √, 틀리면 X를 괄호 안에 표시하세요.

每题听两次。这部分试题是根据录音中的句子判断正误。例如，你听到下面一句话：

为了让自己更健康，他每天都花一个小时去锻炼身体。

"为了"表示目的，每天花一个小时锻炼身体的目的，是让自己更健康。所以根据听力内容，"他希望自己很健康"这句话是正确的：

★ 他希望自己很健康。 (√)

又如，你听到一句话：

今天我想早点儿回家。看了看表，才5点，过了一会儿再看表，还是5点，我这才发现我的手表不走了。

根据"我这才发现我的手表不走了"这句话中的"我的手表"可以判断出手表是他的。因此句子"那块表不是他的"是错的：

★ 那块手表不是他的。 (X)

现在开始第6题：

6. 哥哥三十多岁了，还没结婚。他说现在自己的工作不太好，等找到了满意的工作，就能找到满意的女朋友。

★ 哥哥不喜欢结婚。

7. 那个新电影看的人特别多，你要是想去看，必须提前在网上订票。

★ 那个电影可以在网上看。

8. 他很小就离开家，自己在外地上学，所以他现在很习惯一个人生活。

★ 他现在自己住。

9. 这件衣服很好看，还不太贵，所以，我给妈妈也买了一件。

★ 这件衣服我只买了一件。

10. 跟你说过多少次了，抽烟对身体不好，你就是不听。别抽了!

★ 他现在不抽烟了。

11번-13번. 대화를 잘 듣고 질문에 맞는 답을 고르세요.

每题听两次。这部分试题是根据录音中的对话选择正确答案。例如，你听到下面一段对话：

男：小王，帮我开一下门，好吗? 谢谢!

女：没问题，您去超市了? 买了这么多东西。

问：男的想让小王做什么?

根据对话可知，男的买了很多东西，手里拿着东西不好开门，想让小王帮助开门。因此A "开门"是正确答案：

A 开门 √　　B 拿东西　　C 去超市买东西

现在开始第11题：

11. 男：我的牙疼死了，家里还有药吗?

女：我找找，哎呀，一点也没有了，要不，我出去给你买吧。

问：女的想干什么?

12. 女：你背着这么大的包，这是要去旅行吗?

男：哪儿啊，这是我姐姐的，她今天去北京，我去送她。

问：男的去做什么?

13. 女：你晚上回来吃饭吗?

男：晚上公司有活动，你和孩子先吃吧，别等我了。

问：男的晚上要做什么?

14번–15번. 대화를 잘 듣고 질문에 맞는 답을 고르세요.

每题听两次。这部分试题是根据录音中的较长对话选择正确答案。例如，你听到下面一段对话：

女：晚饭做好了，准备吃饭了。

男：等一会儿，比赛还有三分钟就结束了。

女：快点儿吧，一起吃，菜凉了就不好吃了。

男：你先吃，我马上就看完了。

问：男的在做什么?

根据对话，女的做好了饭，要男的准备吃饭，男的说等一会儿，比赛还有三分钟就结束了，让女的先吃，他马上就看完了。可知男的是在家里看比赛，是看电视上的比赛。因此试卷上的C“看电视”是正确答案：

A 洗澡　　B 吃饭　　C 看电视 √

现在开始第14题：

14. 男：你说我去朋友家做客，带什么礼物呢?

女：要是他有孩子，买个玩具最好了，孩子肯定喜欢。

男：他才结婚半年呢，还没孩子。

女：是这样啊，那就买点水果吧。

问：最后，女的建议带什么礼物?

15. 男：前面堵车了，请您从这里向右拐，换一条路走。

女：可是我家就在这附近，让我过去好吗?

男：对不起，不行，现在这里不能通行，请快点离开。

女：那好吧，真倒霉。

问：男的最可能是做什么的?

말하기영역

16번-20번. 잘 듣고 그대로 말해보세요.

每题播放一个句子，请听后重复一次。

16. 弟弟倒比哥哥高。
17. 我早上去公园锻炼身体。
18. 王老师的办公室在六层。
19. 我们班的同学们都很认真。
20. 这家饭馆是城里最有名的。
21. 생략
22. 생략

【 HSK 연습문제 답안 】

1	2	3	4	5	6	7	8	9	10	11	12	13	14	15
B	C	A	F	D	X	X	√	X	X	B	B	C	C	A

제 7 과

"베이징 떠돌이" 떠돌고 또 떠돌다

【 듣기와 말하기 연습 】

1 잘 듣고 그대로 말해보세요.

1. 听说你大学毕业了。
2. 别提了，哪儿有工作啊。
3. 你连"北漂"这种词都知道，不简单!
4. 我的韩国朋友算是"洋北漂"吧。
5. 回去找个工作不是也挺好吗?

2 문제를 듣고 대답해 보세요.

1. 杜克现在在上大学吗?
2. 贤真的中国朋友想考研究生吗?
3. 贤真劝杜克做什么?
4. 贤真的几个韩国朋友在做什么?
5. 杜克最后怎样决定的?

【 HSK 연습문제 】

듣기영역 지문

1번-3번. 대화내용을 잘 듣고 관계있는 그림을 고르세요.

每题听两次。这部分试题是根据录音中的对话选择正确的图片。

例如你听到下面的对话：

男：喂，请问张经理在吗?

女：他正在开会，您半个小时以后再打，好吗?

看到以下几张图片。图片一个人在打电话，为正确选择。

现在开始第1题：

1. 男：今天是妈妈的生日，我预订了一个蛋糕。
   女：太好了。下班后我们一起去拿。
2. 女：这么便宜的水果啊!
   男：是啊，这些还是从美国进口的呢。
3. 女：你每天怎么去学校?
   男：我喜欢坐地铁，又方便又便宜。

4번-6번. 들려주는 문장을 잘 듣고, 제시된 내용이 맞으면 √, 틀리면 X를 괄호 안에 표시하세요.

每题听两次。这部分试题是根据录音中的句子判断正误。例如，你听到下面一句话：
为了让自己更健康，他每天都花一个小时去锻炼身体。
“为了”表示目的，每天花一个小时锻炼身体的目的，是让自己更健康。所以根据听力内容，“他希望自己很健康”这句话是正确的：

★ 他希望自己很健康。 (√)

又如，你听到一句话：
今天我想早点儿回家。看了看表，才5点，过了一会儿再看表，还是5点，我这才发现我的手表不走了。
根据“我这才发现我的手表不走了”这句话中的“我的手表”可以判断出手表是他的。因此句子“那块表不是他的”是错的：

★ 那块手表不是他的。 (X)

现在开始第4题：

4. 最近很多大学毕业生都很难找到想要的工作和住所。
   ★ 大学生找工作不容易。
5. 我常常搬来搬去，工作也换来换去，没一个满意的。
   ★ 我喜欢搬来搬去的生活。
6. 我坐明天下午2点的飞机，早上10点就要出门。

★ 我的飞机是下午的。

7번–8번. 대화를 잘 듣고 질문에 맞는 답을 고르세요.

每题听两次。这部分试题是根据录音中的对话选择正确答案。例如，你听到下面一段对话：

男：小王，帮我开一下门，好吗？谢谢！

女：没问题，您去超市了？买了这么多东西。

问：男的想让小王做什么？

根据对话可知，男的买了很多东西，手里拿着东西不好开门，想让小王帮助开门。因此A"开门"是正确答案：

A 开门 √　　B 拿东西　　C 去超市买东西

现在开始第7题：

7. 男：听说最近有很多年轻人，大学毕业后在北京找不到稳定的工作和住所。

女：是啊。很多人把他们叫"北漂"。

问：下面哪一项不是"北漂"的特点？

8. 女：你怎么每天这么晚回家啊？

男：孩子太小了，总是哭。回去了也不能休息。

问：男的为什么不回家？

9번–10번. 대화를 잘 듣고 질문에 맞는 답을 고르세요.

每题听两次。这部分试题是根据录音中的较长对话选择正确答案。例如，你听到下面一段对话：

女：晚饭做好了，准备吃饭了。

男：等一会儿，比赛还有三分钟就结束了。

女：快点儿吧，一起吃，菜凉了就不好吃了。

男：你先吃，我马上就看完了。

问：男的在做什么？

根据对话，女的做好了饭，要男的准备吃饭，男的说等一会儿，比赛还有三分钟就结束了，让女的先吃，他马上就看完了。可知男的是在家里看比赛，是看电视上的比赛。因此试卷上的C“看电视”是正确答案：

A 洗澡　　B 吃饭　　C 看电视 √

现在开始第9题：

9. 男：喂，贤真，你知道咱们下周的考试怎么考吗?
   女：明天你来学校吧。我们见面的时候告诉你。
   男：明天我有事，不去学校。你给我发个电子邮件吧，行吗?
   女：好的。
   问：女的怎么告诉男的考试的事?

10. 男：今天买的东西太多了。回家吧。
   女：我还想去3楼再看看衣服。
   男：太累了，不想去了。
   女：我们坐电梯上去，不会累的，看一下就走。
   问：根据这段话，可以知道：

말하기영역

11번-15번. 잘 듣고 그대로 말해보세요.

每题播放一个句子，请听后重复一次。

11. 下课后请来一下办公室。
12. 我对武术很感兴趣。
13. 奶奶身体比以前好多了。
14. 那边跑来一只小狗。
15. 今天银行的人真少。

【 HSK 연습문제 답안 】

1	2	3	4	5	6	7	8	9	10
C	A	B	√	X	√	B	C	B	C

제 8 과

쇼핑을 하며 한국을 보다

【 듣기와 말하기 연습 】

1 잘 듣고 그대로 말해보세요.

1. 看你匆匆忙忙的，这是要去哪儿啊?
2. 听说那里的水果正在打折呢。
3. 吃完了接着逛，多长时间都不累!
4. 女生一买起东西来，就觉不到累了。
5. 你回来的时候帮我捎两瓶啤酒吧。

2 문제를 듣고 대답해 보세요.

1. 超市里什么东西在打折?
2. 娜娜喜欢做什么?
3. 超市里放广告歌的时候，服务员们在做什么?
4. 杜克让娜娜帮他买什么?
5. 娜娜逛超市为什么不觉得累?

【 HSK 연습문제 】

듣기영역지문

1번-3번. 대화내용을 잘 듣고 관계있는 그림을 고르세요.

每题听两次。这部分试题是根据录音中的对话选择正确的图片。

例如你听到下面的对话：

男：喂，请问张经理在吗?

女：他正在开会，您半个小时以后再打，好吗?

看到以下几张图片。图片一个人在打电话，为正确选择。

现在开始第1题：

1. 男：最近学校又新来了一个老师，你知道吗?

女：是吗? 就是那个大眼睛的漂亮女老师，对吗?

2. 女：昨天你去哪儿了?

男：和朋友一起去了趟超市，买了件衬衫。

3. 男：我给你买了一双鞋，看看喜欢吗?

女：是吗? 我看看。真漂亮。谢谢!

4번-6번. 들려주는 문장을 잘 듣고, 제시된 내용이 맞으면 √, 틀리면 X를 괄호 안에 표시하세요.

每题听两次。这部分试题是根据录音中的句子判断正误。例如，你听到下面一句话：

为了让自己更健康，他每天都花一个小时去锻炼身体。

"为了"表示目的，每天花一个小时锻炼身体的目的，是让自己更健康。所以根据听力内容，"他希望自己很健康"这句话是正确的：

★ 他希望自己很健康。　　　　　　(√)

又如，你听到一句话：

今天我想早点儿回家。看了看表，才5点，过了一会儿再看表，还是5点，我这才发现我的手表不走了。

根据"我这才发现我的手表不走了"这句话中的"我的手表"可以判断出手表是他的。因此句子"那块表不是他的"是错的：

★ 那块手表不是他的。　　　　　　(X)

现在开始第4题：

4. 我喜欢旅游，因为可以见到世界各地的人。但是我现在没有钱和时间。

★ 我没有钱去旅游。

5. 我每天早上都去游泳，然后去学校。今天是节日，游泳池不开门。

★ 今天早上我没有游泳。

6. 我明天早上要去上海，今天晚上没有时间跟朋友们见面了。

★ 我今天晚上跟朋友见面。

7번-8번. 대화를 잘 듣고 질문에 맞는 답을 고르세요.

每题听两次。这部分试题是根据录音中的对话选择正确答案。例如，你听到下面一段对话：

男：小王，帮我开一下门，好吗？谢谢！

女：没问题，您去超市了？买了这么多东西。

问：男的想让小王做什么？

根据对话可知，男的买了很多东西，手里拿着东西不好开门，想让小王帮助开门。因此A "开门"是正确答案：

A 开门 √　　B 拿东西　　C 去超市买东西

现在开始第7题：

7. 女：妈妈让我下午去医院给奶奶送点水果。

男：那我跟你一起去，晚上咱们再去看电影吧。

问：他们晚上去做什么？

8. 男：这些花儿放在哪儿好呢？

女：放在客厅的窗户旁边吧，那里阳光好。

问：这些花儿放在哪儿？

9번-10번. 대화를 잘 듣고 질문에 맞는 답을 고르세요.

每题听两次。这部分试题是根据录音中的较长对话选择正确答案。例如，你听到下面一段对话：

女：晚饭做好了，准备吃饭了。

男：等一会儿，比赛还有三分钟就结束了。

女：快点儿吧，一起吃，菜凉了就不好吃了。

男：你先吃，我马上就看完了。

问：男的在做什么？

根据对话，女的做好了饭，要男的准备吃饭，男的说等一会儿，比赛还有三分钟就结束了，让女的先吃，他马上就看完了。可知男的是在家里看比赛，是看电视上的比赛。因此试卷上的C“看电视”是正确答案：

A 洗澡　　B 吃饭　　C 看电视 √

现在开始第9题：

9. 男：时间过得真快啊。都十年没见了。
   女：是啊。你一点儿也没变。还是那么帅，我一下就认出来了。
   男：哪有啊。我身体还行，可是头发都快没了。
   女：不是有人说，头发越少越聪明吗?
   问：根据对话，我们知道
10. 女：听说你就要出国留学了，什么时候走? 我去机场送你。
   男：下周二。你这么忙，别去送了。
   女：你走我怎么能不送呢?
   男：那太麻烦你了。
   问：根据对话，我们知道女的

말하기영역

11번–15번. 잘 듣고 그대로 말해보세요.

每题播放一个句子，请听后重复一次。

11. 今年的冬天特别冷。
12. 我不喜欢这个味道。
13. 这几年流行健康食品。
14. 什么时候我才能有车呢?
15. 电视里正在放足球比赛。

【 HSK연습문제 답안 】

1	2	3	4	5	6	7	8	9	10
B	C	A	√	√	X	C	A	C	A

제 9 과

겨울 속의 봄

【 듣기와 말하기 연습 】

1 잘 듣고 그대로 말해보세요.

1. 寒假你是回国还是在中国旅行?
2. 我很想去哈尔滨，听说那里冬天有“冰灯节”。
3. 早就听说“春城”昆明的大名了!
4. 在云南有20多个少数民族。
5. 你们一起去云南过一个春天里的春节吧!

2 문제를 듣고 대답해 보세요.

1. 贤真本来打算寒假去哪里?
2. 哈尔滨冬天有什么活动?
3. 冬天的云南可以感受到什么?
4. 云南有多少个少数民族?
5. 贤真最后决定寒假做什么?

【 HSK 연습문제 】

듣기영역지문

1번-3번. 대화내용을 잘 듣고 관계있는 그림을 고르세요.

每题听两次。这部分试题是根据录音中的对话选择正确的图片。

例如你听到下面的对话：

男：喂，请问张经理在吗?

女：他正在开会，您半个小时以后再打，好吗?

看到以下几张图片。图片一个人在打电话，为正确选择。

现在开始第1题：

1. 男：这几天怎么老下雨啊。

   女：现在是雨季。最近这几个星期都是这样。

2. 女：春天来了，花都开了。真漂亮。

   男：是啊，咱们这个周末一起出去照相吧。

3. 女：你吃早饭了吗？

   男：吃了一片面包，喝了一杯牛奶。

4번-6번. 들려주는 문장을 잘 듣고, 제시된 내용이 맞으면 √, 틀리면 X를 괄호 안에 표시하세요.

每题听两次。这部分试题是根据录音中的句子判断正误。例如，你听到下面一句话：

为了让自己更健康，他每天都花一个小时去锻炼身体。

"为了"表示目的，每天花一个小时锻炼身体的目的，是让自己更健康。所以根据听力内容，"他希望自己很健康"这句话是正确的：

★ 他希望自己很健康。　　(√)

又如，你听到一句话：

今天我想早点儿回家。看了看表，才5点，过了一会儿再看表，还是5点，我这才发现我的手表不走了。

根据"我这才发现我的手表不走了"这句话中的"我的手表"可以判断出手表是他的。因此句子"那块表不是他的"是错的：

★ 那块手表不是他的。　　(X)

现在开始第4题：

4. 娜娜很喜欢买衣服，最近她又买了一件新衣服。

   ★ 娜娜很长时间没买衣服了。

5. 我最喜欢看电影，每个星期至少看一次，朋友们都说我是个影迷。

   ★ 我每个星期都去看电影。

6. 一年四季中我最喜欢秋天，因为秋天天气很舒服，还可以看到红叶。

★ 我喜欢秋天，也喜欢红叶。

7번-8번. 대화를 잘 듣고 질문에 맞는 답을 고르세요.

每题听两次。这部分试题是根据录音中的对话选择正确答案。例如，你听到下面一段对话：

男：小王，帮我开一下门，好吗？谢谢！

女：没问题，您去超市了？买了这么多东西。

问：男的想让小王做什么？

根据对话可知，男的买了很多东西，手里拿着东西不好开门，想让小王帮助开门。因此A“开门”是正确答案：

A 开门 √　　B 拿东西　　C 去超市买东西

现在开始第7题：

7. 男：好香啊！妈妈，晚上做什么好吃的了？

女：你先去洗手，饭马上就做好了。

问：晚饭做好了吗？

8. 女：你知道咱们明天几点出发吧？千万别迟到！

男：知道。7:20在学校门口集合，7:40出发。放心吧，忘不了！

问：他们几点出发？

9번-10번. 대화를 잘 듣고 질문에 맞는 답을 고르세요.

每题听两次。这部分试题是根据录音中的较长对话选择正确答案。例如，你听到下面一段对话：

女：晚饭做好了，准备吃饭了。

男：等一会儿，比赛还有三分钟就结束了。

女：快点儿吧，一起吃，菜凉了就不好吃了。

男：你先吃，我马上就看完了。

问：男的在做什么？

根据对话，女的做好了饭，要男的准备吃饭，男的说等一会儿，比赛还有三分钟就结束了，让女的先吃，他马上就看完了。可知男的是在家里看比赛，是看电视上的比赛。因此试卷上的C"看电视"是正确答案：

A 洗澡　B 吃饭　C 看电视 √

现在开始第9题：

9. 男：贤真，你猜我是谁?
   女：杜克吧? 你的声音我还能听不出来? 你不是在南方旅游吗?
   男：我啊，刚出北京站。
   女：真的吗? 你回来了?
   问：男的去哪儿了?

10. 女：请问你找谁?
   男：我是来送比萨饼的，您是乐天公寓1205号吧?
   女：你走错了，我没有订餐。这里是1207号。
   男：对不起，打扰您了。
   问：谁家订了比萨饼?

말하기영역

11번-15번. 잘 듣고 그대로 말해보세요.

每题播放一个句子，请听后重复一次。

11. 请您半小时以后再打。
12. 妈妈退休后帮我照顾孩子。
13. 你能给他发个短信吗?
14. 她咳嗽得可真厉害!
15. 现在年轻人工作压力大。

【 HSK 연습문제 답안 】

1	2	3	4	5	6	7	8	9	10
C	A	B	X	√	√	B	C	A	C

제 10 과

우리 스트레스 풀러 가자

【 듣기와 말하기 연습 】

1 잘 듣고 그대로 말해보세요.

1. 咱们出去放松一下，怎么样?
2. 听说釜山的海边很漂亮!
3. 我连广安里都没去过。
4. 坐地铁又方便又便宜。
5. 果然名副其实啊!

2 문제를 듣고 대답해 보세요.

1. 他们去哪儿干什么了?
2. 他们是怎么去的广安里? 为什么?
3. 他们都是釜山人吗?

【 HSK 연습문제 】

듣기영역 지문

1번-3번. 대화내용을 잘 듣고 관계있는 그림을 고르세요.

每题听两次。这部分试题是根据录音中的对话选择正确的图片。

例如你听到下面的对话：

男：喂，请问张经理在吗?

女：他正在开会，您半个小时以后再打，好吗?

看到以下几张图片。图片一个人在打电话，为正确选择。

现在开始第1题：

1. 男：现在商店里的衣服都是年轻人穿的，适合我们的实在是太少了。

女：可不是嘛，中老年服装太难买了。

2. 男：哇！你配了眼镜啊！

女：是啊，最近看不清楚黑板上的字，只能配一副。

3. 男：听说中国人吃米饭也要用筷子，是吗？

女：是的，我们从小学会了用筷子和勺子，你会用吗？

4번-6번. 들려주는 문장을 잘 듣고, 제시된 내용이 맞으면 √, 틀리면 X를 괄호 안에 표시하세요.

每题听两次。这部分试题是根据录音中的句子判断正误。例如，你听到下面一句话：

为了让自己更健康，他每天都花一个小时去锻炼身体。

"为了"表示目的，每天花一个小时锻炼身体的目的，是让自己更健康。所以根据听力内容，"他希望自己很健康"这句话是正确的：

★ 他希望自己很健康。　　(√)

又如，你听到一句话：

今天我想早点儿回家。看了看表，才5点，过了一会儿再看表，还是5点，我这才发现我的手表不走了。

根据"我这才发现我的手表不走了"这句话中的"我的手表"可以判断出手表是他的。因此句子"那块表不是他的"是错的：

★ 那块手表不是他的。　　(X)

现在开始第4题：

4. 哥哥的专业是体育，但很喜欢音乐。弟弟的专业是音乐，对体育不感兴趣。他们常常一起去听音乐会。

★ 他们都喜欢音乐。

5. 女儿在美国留学，最近两个月都没有打电话，老王这几天吃不下饭、睡不着觉。

★ 老王很担心女儿。

6. 你今天怎么起得这么早啊？还没到7点呢！

★ 他每天很早起床。

7번-8번. 대화를 잘 듣고 질문에 맞는 답을 고르세요.

每题听两次。这部分试题是根据录音中的对话选择正确答案。例如，你听到下面一段对话：

男：小王，帮我开一下门，好吗？谢谢！

女：没问题，您去超市了？买了这么多东西。

问：男的想让小王做什么？

根据对话可知，男的买了很多东西，手里拿着东西不好开门，想让小王帮助开门。因此A"开门"是正确答案：

A 开门 √　　B 拿东西　　C 去超市买东西

现在开始第7题：

7. 女：老王，你真是个好丈夫，下了班还帮老婆做饭。

男：哪里，哪里！只是有空帮帮忙而已。

问：老王怎么样？

8. 男：你怎么不高兴了？有什么事吗？

女：别提了，刚才我在市场上看到西瓜太便宜了，就买了两个，回家才发现其中一个坏了。

问：女的买的西瓜怎么样？

9번-10번. 대화를 잘 듣고 질문에 맞는 답을 고르세요.

每题听两次。这部分试题是根据录音中的较长对话选择正确答案。例如，你听到下面一段对话：

女：晚饭做好了，准备吃饭了。

男：等一会儿，比赛还有三分钟就结束了。

女：快点儿吧，一起吃，菜凉了就不好吃了。

男：你先吃，我马上就看完了。

问：男的在做什么？

根据对话，女的做好了饭，要男的准备吃饭，男的说等一会儿，比赛还有三分钟就结束了，让女的先吃，他马上就看完了。可知男的是在家里看比赛，是看电视上的比赛。因此

试卷上的C“看电视”是正确答案：

A 洗澡　　B 吃饭　　C 看电视 √

现在开始第9题：

9. 男：王主任，你现在在哪儿?

女：我在外面办事呢。

男：下班时间快到了，你还回公司来吗?

女：不去了，这边的事情办完了，我就直接回家。

问：他们最可能是什么关系?

10. 男：这是我和大学同学一起照的照片，看看里面有没有你喜欢的？我给你介绍介绍吧。

女：这个个子高的，我好像在北京见过。

男：不可能，他是日本同学，从来没来过中国。

女：那，你就给我介绍他吧。

问：下面哪句话是对的?

말하기영역

11번-15번. 잘 듣고 그대로 말해보세요.

每题播放一个句子，请听后重复一次。

11. 这条蓝色的裤子很好看。
12. 黑板上的字我看不清楚。
13. 中国人都会说普通话吗?
14. 两碗面条一共多少钱?
15. 这是姐姐给我买的铅笔。
16. 생략
17. 생략

【 HSK 연습문제 답안 】

1	2	3	4	5	6	7	8	9	10
B	A	C	√	√	X	B	A	B	A

● 제 11 과 ●

나는 컴퓨터 하는 것을 좋아해요!

【 듣기와 말하기 연습 】

1 잘 듣고 그대로 말해보세요.

1. 一天玩儿半个小时，听见了没有?
2. 一天半个小时，怎么做得完啊?
3. 这么晚了，你还在干什么?
4. 他说的话，你信吗?
5. 这真是个好主意! 就这么办。

2 문제를 듣고 대답해 보세요.

1. 妹妹说她平时用电脑做什么?
2. 妈妈以为妹妹经常用电脑做什么?

【 HSK 연습문제 】

듣기영역 지문

1번-3번. 대화내용을 잘 듣고 관계있는 그림을 고르세요.

每题听两次。这部分试题是根据录音中的对话选择正确的图片。

例如你听到下面的对话：

男：喂，请问张经理在吗?

女：他正在开会，您半个小时以后再打，好吗?

看到以下几张图片。图片一个人在打电话，为正确选择。

现在开始第1题：

1. 男：您是陈丽丽吧? 这是您的包裹，请签一下字。

女：在这儿签字吗?

2. 男：小王，你的朋友来了!

女：我在洗澡呢，你让他在屋里等一会儿。

3. 女：各位乘客请注意，下一站是省博物馆，请下车的乘客做好准备。

男：贤真，我们到了!

4번-6번. 들려주는 문장을 잘 듣고, 제시된 내용이 맞으면 √, 틀리면 X를 괄호 안에 표시하세요.

每题听两次。这部分试题是根据录音中的句子判断正误。例如，你听到下面一句话：

为了让自己更健康，他每天都花一个小时去锻炼身体。

“为了”表示目的，每天花一个小时锻炼身体的目的，是让自己更健康。所以根据听力内容，“他希望自己很健康”这句话是正确的：

★ 他希望自己很健康。 (√)

又如，你听到一句话：

今天我想早点儿回家。看了看表，才5点，过了一会儿再看表，还是5点，我这才发现我的手表不走了。

根据“我这才发现我的手表不走了”这句话中的“我的手表”可以判断出手表是他的。因此句子“那块表不是他的”是错的：

★ 那块手表不是他的。 (X)

现在开始第4题：

4. 你不是说从今天开始不抽烟了吗? 才过几个小时，你又抽，真没办法!

★ 他今天没抽烟。

5. 我今天可以早点儿下班，我打算下了班，先到幼儿园去接儿子一起回家。

★ 儿子现在在家。

6. 你看那个年轻人，一个老人站在他旁边，他还坐在那里，不让座。

★ 那个老人正坐着。

7번-8번. 대화를 잘 듣고 질문에 맞는 답을 고르세요.

每题听两次。这部分试题是根据录音中的对话选择正确答案。例如，你听到下面一段对话：

男：小王，帮我开一下门，好吗？谢谢!

女：没问题，您去超市了？买了这么多东西。

问：男的想让小王做什么？

根据对话可知，男的买了很多东西，手里拿着东西不好开门，想让小王帮助开门。因此A“开门”是正确答案：

A 开门 √　　B 拿东西　　C 去超市买东西

现在开始第7题：

7. 男：我这封信是要寄到俄罗斯的，请问要买多少钱的邮票?

女：贴六十块钱的就可以了。

问： 他们最可能在哪儿说话?

8. 男：我是坐车来的，你骑自行车过来，怎么你到得比我还早呢?

女：今天不是星期五吗，而且现在还是下班时间，骑车比坐车更快!

问：下面哪句话是对的?

9번-10번. 대화를 잘 듣고 질문에 맞는 답을 고르세요.

每题听两次。这部分试题是根据录音中的较长对话选择正确答案。例如，你听到下面一段对话：

女：晚饭做好了，准备吃饭了。

男：等一会儿，比赛还有三分钟就结束了。

女：快点儿吧，一起吃，菜凉了就不好吃了。

男：你先吃，我马上就看完了。

问：男的在做什么?

根据对话，女的做好了饭，要男的准备吃饭，男的说等一会儿，比赛还有三分钟就结束了，让女的先吃，他马上就看完了。可知男的是在家里看比赛，是看电视上的比赛。因此

试卷上的C“看电视”是正确答案：

A 洗澡　　B 吃饭　　C 看电视 √

现在开始第9题：

9. 男：听说你明天有毕业考试，是不是很紧张?
   女：还好吧，没什么可紧张的。
   男：考试还不紧张? 这怎么可能啊?
   女：已经是第三门了，刚开始很紧张，现在有点儿习惯了。
   问：女的为什么考试不紧张?
10. 女：先生，我要把美元换成人民币。
   男：您要换多少?
   女：200美元。换成人民币是多少钱?
   男：100美元能换636元人民币。
   问：他们现在最可能在哪里?

말하기영역

11번-15번. 잘 듣고 그대로 말해보세요.

每题播放一个句子，请听后重复一次。

11. 老师对中国历史很了解。
12. 昨天的作业我已经做完了。
13. 孩子从外边带来了一只小狗。
14. 这个裙子多少钱一条?
15. 他的汉语比日语还流利。
16. 생략
17. 생략

【 HSK 연습문제 답안 】

1	2	3	4	5	6	7	8	9	10
C	A	B	X	X	X	A	B	B	A

제 12 과

할머니, 보고 싶어요!

【 듣기와 말하기 연습 】

1 잘 듣고 그대로 말해보세요.

1. 叔叔一家都过得好吗?
2. 我兴奋得都睡不着觉了!
3. 我想去您那儿玩儿几天，可以吗?
4. 当然可以了。
5. 我一定会留下美好的回忆。

2 문제를 듣고 대답해 보세요.

1. 俊浩这次暑假想干什么?
2. 叔叔给他们安排了哪些活动?

【 HSK 연습문제 】

듣기영역 지문

1번-3번. 대화내용을 잘 듣고 관계있는 그림을 고르세요.

每题听两次。这部分试题是根据录音中的对话选择正确的图片。

例如你听到下面的对话：

男：喂，请问张经理在吗?

女：他正在开会，您半个小时以后再打，好吗?

看到以下几张图片。图片一个人在打电话，为正确选择。

现在开始第1题：

1. 女：你怎么了? 脸都肿了，哪里不舒服?

   男：别提了，昨晚牙疼，疼得一夜都睡不着觉。

2. 男：渴死了! 我们买个冰激凌吃吧。

女：冰激凌解不了渴，这边有饮水机，快来喝水吧。

3. 女：天啊! 你的房间这么乱，这样怎么睡啊? 我帮你收拾收拾吧。

男：不用了，妈妈，我有我的生活方式，这样我才觉得舒服。

4번-6번. 들려주는 문장을 잘 듣고, 제시된 내용이 맞으면 √, 틀리면 X를 괄호 안에 표시하세요.

每题听两次。这部分试题是根据录音中的句子判断正误。例如，你听到下面一句话：

为了让自己更健康，他每天都花一个小时去锻炼身体。

“为了”表示目的，每天花一个小时锻炼身体的目的，是让自己更健康。所以根据听力内容，“他希望自己很健康”这句话是正确的：

★ 他希望自己很健康。　　　　　　　　(√)

又如，你听到一句话：

今天我想早点儿回家。看了看表，才5点，过了一会儿再看表，还是5点，我这才发现我的手表不走了。

根据“我这才发现我的手表不走了”这句话中的“我的手表”可以判断出手表是他的。因此句子“那块表不是他的”是错的：

★ 那块手表不是他的。　　　　　　　　(X)

现在开始第4题：

4. 我刚到中国的时候，既不会说汉语，又没有朋友，做什么都很困难。现在好了，学习、生活都很快乐。

★ 他刚来中国的时候，一切都很好。

5. 你不是说十点要去开会吗? 还有十分钟就十点了，你还在这里聊天?

★ 会议从十点十分开始。

6. 超市里卖的苹果很贵，我只买了一斤。回来的路上，发现也有卖苹果的，便宜一半儿，我就又买了三斤。

★ 说话人一共买了四斤苹果。

7번-8번. 대화를 잘 듣고 질문에 맞는 답을 고르세요.

每题听两次。这部分试题是根据录音中的对话选择正确答案。例如，你听到下面一段对话：

男：小王，帮我开一下门，好吗？谢谢！

女：没问题，您去超市了？买了这么多东西。

问：男的想让小王做什么？

根据对话可知，男的买了很多东西，手里拿着东西不好开门，想让小王帮助开门。因此A "开门"是正确答案：

A 开门 √　　B 拿东西　　C 去超市买东西

现在开始第7题：

7. 女： 天啊，你一个人干这么多事情，什么时候能完成啊？

男： 没事，只要努力，今天下班之前会干完的。

问：男的觉得完成这些事情需要多长时间？

8. 男：你的皮肤真好！怎么保护的啊？

女：其实没什么。你只要别总喝咖啡、抽烟、很晚睡觉，皮肤就能好。

问：男的怎么样？

9번-10번. 대화를 잘 듣고 질문에 맞는 답을 고르세요.

每题听两次。这部分试题是根据录音中的较长对话选择正确答案。例如，你听到下面一段对话：

女：晚饭做好了，准备吃饭了。

男：等一会儿，比赛还有三分钟就结束了。

女：快点儿吧，一起吃，菜凉了就不好吃了。

男：你先吃，我马上就看完了。

问：男的在做什么？

根据对话，女的做好了饭，要男的准备吃饭，男的说等一会儿，比赛还有三分钟就结束了，让女的先吃，他马上就看完了。可知男的是在家里看比赛，是看电视上的比赛。因此

试卷上的C“看电视”是正确答案：

A　洗澡　　B　吃饭　　C　看电视 √

现在开始第9题：

9. 女：儿子，你去哪儿?
男：我去见见朋友。
女：你下星期一就有考试了，怎么还不学习?
男：还有明天呢，明天我一定好好儿学习，您放心吧。
问：今天最可能是星期几?

10. 男：咦，你在这里工作吗? 昨天你不是还在那边吗?
女：那里是白天上班的，晚上就在这里打工。
男：白天上班，晚上还打工，会不会太累啊?
女：没办法，下学期的学费还不够呢。
问：女的最有可能是

말하기영역

11번-15번. 잘 듣고 그대로 말해보세요.

每题播放一个句子，请听后重复一次。

11. 昨天我开了一天的会。
12. 天气预报说明天是晴天。
13. 姐姐上个月生了个胖儿子。
14. 商场里衣服正在打折。
15. 有一只狗站在马路中间。
16. 생략
17. 생략

【 HSK 연습문제 답안 】

1	2	3	4	5	6	7	8	9	10
A	C	B	X	X	√	A	A	B	C

3급 듣기와 말하기 단어 색인

단어	품사	발음기호	신HSK등급	해당과
		A		
安排	동	ānpái	4	12
熬	동	áo	6	5
		B		
拜托	동	bàituō	6	11
白雪公主	고유	BáixuěGōngzhǔ		2
办	동	bàn		11
(举)办	동	(jǔ)bàn	3	3
办(事)	동	bàn(shì)	3	5
饱	형	bǎo	3	12
宝贝	명	bǎobèi	5	12
北漂(一族)		Běipiāo(yì zú)		7
边……边……	부	biān…biān…	3	6
便纸	명	biànzhǐ		6
表情	명	biǎoqíng	6	12
别提	동	bié tí	5	7
冰灯(节)	명	Bīngdēng(Jié)		9
冰淇淋	명	bīngqílín		4
毕业	동	bìyè	4	7
不过	접	búguò	4	7
		C		
才	부	cái	3	10
猜	동	cāi	4	6
曾经	부	céngjīng	5	3
差点儿	부	chàdiǎnr		4
尝	동	cháng	4	1
场	양	cháng	4	12
吵	형	chǎo	4	11
成功	형	chénggōng	4	3
冲动	명	chōngdòng	6	8
出发	동	chūfā	4	2

단어	품사	발음기호	신HSK등급	해당과
春节	고유	Chūn Jié		9
春城	고유	Chūnchéng		9
从……开始		cóng···kāishǐ	2	11
匆忙	형	cōngmáng	5	8
		D		
带	동	dài	3	2
呆	동	dāi	5	7
大名	명	dàmíng		9
当然	부	dāngrán	3	12
担心		dānxīn	3	11
倒	부	dào	5	1
(小)岛	명	(xiǎo)dǎo	5	1
打算	동	dǎsuàn	3	2
大田	고유	Dàtián		1
打折	동	dǎzhé	4	8
钓鱼	동	diàoyú	5	12
地道	형	dìdao	5	12
订(票)	동	dìng(piào)	5	5
冻	동	dòng	5	11
冬奥会	고유	Dōng'àohuì		3
度	양	dù		11
段	양	duàn	3	8
对	형	duì	2	11
		E		
饿	형	è	3	8
		F		
放	동	fàng	3	8
方便	형	fāngbiàn	3	10
放松	동	fàngsōng	5	10
发音	명	fāyīn		6
份	양	fèn	4	7
服装	명	fúzhuāng	5	9
		G		
干	동	gàn	4	11
干脆	부	gāncuì	5	9

단어	품사	발음기호	신HSK등급	해당과
干吗		gànmá		5
感受	동	gǎnshòu	5	9
高铁	고유	gāotiě		5
隔	동	gé	5	8
跟……一样		gēn···yíyàng	3	7
各种各样		gèzhǒng-gèyàng	4	4
公里	양	gōnglǐ	4	1
够味儿		gòuwèir	4	10
怪不得	부	guàibude	5	1
光	부	guāng	4	11
逛街	동	guàng jiē	4	6
广告	명	guǎnggào	4	4
果然	부	guǒrán	4	10
过头儿	형	guòtóur		5
故事	명	gùshi	3	2
		H		
哈尔滨	고유	Hā'ěrbīn		9
咳	감	hāi		7
还	부	hái	2	11
海边	명	hǎibiān		10
寒假	명	hánjià	4	9
韩流	고유	Hánliú		5
好不容易		hǎo bù róngyì		4
后悔	동	hòuhuǐ	4	10
花(钱)	동	huā qián	3	5
回忆	명	huíyì	4	4
回赠	동	huízèng	6	4
悔之晚矣	성	huǐzhīwǎnyǐ		10
		J		
简单	형	jiǎndān	3	7
江原道	고유	Jiāngyuán Dào		3
建议	동	jiànyì	5	9
家乡	명	jiāxiāng	5	1
激动	형	jīdòng		5
解决	동	jiějué	3	5
结束	동, 명	jiéshù	3	10

단어	품사	발음기호	신HSK등급	해당과
接着	접	jiēzhe	5	8
进步	동	jìnbù	5	7
经理	명	jīnglǐ	3	6
竟然	부	jìngrán	4	3
紧张	형	jǐnzhāng	4	7
既然	접	jìrán	4	8
即使	접	jíshǐ	4	8
酒量	명	jiǔliàng		5
继续	동	jìxù	4	11
鞠躬	동	jūgōng	6	8
		K		
开(车)	동	kāi(chē)		5
开学	동	kāixué		2
考试	동	kǎoshì	2	10
可爱	형	kě'ài	3	1
肯	조동	kěn		1
口福	명	kǒufú		12
口水	명	kǒushuǐ	3	4
昆明	고유	Kūnmíng		9
		L		
……来……去		…lái…qù		7
……来着	조	…láizhe		6
老同学		lǎotóngxué		2
连……都……	개	lián…dōu…	4	10
凉	형	liáng	3	8
聊	동	liáo	4	6
了不起	형	liǎobuqǐ	5	3
另类	형	lìnglèi		4
零食	명	língshí	5	5
零下	명	língxià		11
历史	명	lìshǐ	3	3
流	동	liú	4	4
礼物	명	lǐwù	3	4
乱	형	luàn	4	5
		M		
麻烦	형	máfan	4	5

단어	품사	발음기호	신HSK등급	해당과
马上	부	mǎshàng	3	4
美	형	měi	4	10
免费	동	miǎnfèi	4	8
名副其实	성	míngfùqíshí	6	10
		N		
难道	부	nándào	4	4
能力	명	nénglì	4	5
农家菜		nóngjiācài		12
		P		
爬山	동	pá shān	3	1
拍手	동	pāishǒu	5	8
盼	동	pàn	5	12
骗	동	piàn	4	5
漂	동	piāo	6	7
平昌	고유	Píngchāng		3
平时	명	píngshí	4	11
普通	형	pǔtōng	3	1
		Q		
强	형	qiáng	5	5
巧	형	qiǎo		2
巧克力	명	qiǎokèlì	4	4
请	동	qǐng	4	2
请客	동	qǐngkè	4	6
情人节	고유	Qíngrén Jié		4
庆祝	동	qìngzhù	5	4
球迷	명	qiúmí		12
气温	명	qìwēn		11
全球	명	quánqiú		5
却	부	què	4	11
去世	동	qùshì	5	6
		R		
热闹	형	rènao	4	1
仁川	고유	Rénchuān		2
(超)人气	명	(chāo)-rénqì		5
入秋	동	Rùqiū	4	8

단어	품사	발음기호	신HSK등급	해당과
		S		
上蹦下跳		shàngbèng-xiàtiào		5
上海体育馆	고유	ShànghǎiTǐyùguǎn		5
商量	동	shāngliang	4	4
捎	동	shāo	6	8
烧酒	명	shāojiǔ		10
少女时代	고유	ShàonǚShídài		5
少数民族	명	shǎoshùmínzú	4	9
身份证	명	shēnfènzhèng	5	2
申请	동	shēnqǐng	4	3
市场	명	shìchǎng	4	4
世界杯	고유	Shìjièbēi		3
食堂	명	shítáng		6
师兄	명	shīxiōng		6
收拾	동	shōushi	4	4
熟	형	shú		12
属	동	shǔ		1
帅	형	shuài	4	4
摔倒	동	shuāidǎo	5	4
书法家	명	shūfǎjiā		11
睡(不)着		shuì (bu) zháo		12
顺便	부	shùnbiàn	4	12
叔叔	명	shūshu	3	12
四季	명	sìjì	3	9
算(是)	동	suàn(shì)	4	7
随	개	suí	4	8
孙子	명	sūnzi	4	12
		T		
态度	명	tàidù	4	8
糖醋肉	고유	tángcù ròu		10
特别	부	tèbié	3	1
甜言蜜语	성	tiányán-mìyǔ		10
挺	부	tǐng	4	1
提前	동	tíqián	4	2
体验	동	tǐyàn	5	12
痛苦	형	tòngkǔ	5	4

단어	품사	발음기호	신HSK등급	해당과
同意	동	tóngyì	3	8
头发	명	tóufa	3	1
腿	명	tuǐ	3	10
突然	형	tūrán	3	12
		W		
(동사+)完		wán		2
晚	형	wǎn		11
忘	동	wàng	3	2
网(上)	명	wǎng(shàng)	3	5
玩具	명	wánjù	5	4
完全	부	wánquán	4	6
为了	개	wèile	3	1
		X		
夏季	명	xiàjì	3	3
先……再……		xiān…zài…		2
先辈	명	xiānbèi		6
像	동	xiàng	3	6
相似	형	xiāngsì	5	6
相信	동	xiāngxìn	3	3
鲜花	명	xiānhuā	5	9
先人	명	xiānrén		6
小吃	명	xiǎochī	5	8
信	동	xìn	3	11
西南部		xī-nán bù		1
兴奋	형	xīngfèn	4	12
星星	명	xīngxing		12
新闻	명	xīnwén	3	3
希望	동	xīwàng	2	3
西藏	고유	Xīzàng		5
学院	명	xuéyuàn		6
巡回	동	xúnhuí		5
		Y		
演唱会	명	yǎnchànghuì		5
洋	명	yáng		7
研究生	명	yánjiūshēng	4	7
夜	명	yè	5	5

단어	품사	발음기호	신HSK등급	해당과
一般	형	yìbān	3	6
一定	부	yídìng	3	3
一会儿		yíhuìr	3	11
一举两得	성	yìjǔ-liǎngdé	6	11
赢	동	yíng	4	12
以前	명	yǐqián	3	1
用	동	yòng	3	1
有名	형	yǒumíng	3	2
有趣	형	yǒuqù	4	3
预订	동	yùdìng	5	5
云南	고유	Yúnnán		9
		Z		
咱们	대	zánmen	4	2
炸酱面	명	zhájiàngmiàn		4
照相机	명	zhàoxiàngjī	3	12
浙江	고유	Zhèjiāng		7
这么	대	zhème		2
振奋(人心)	동	zhènfèn-(rénxīn)		5
只能		zhǐnéng	3	11
只要	접	zhǐyào	4	8
忠诚	형	zhōngchéng	6	1
中旬	명	zhōngxún	5	5
终于	부	zhōngyú	3	12
周末	명	zhōumò	3	1
祝	동	zhù	3	2
专门	형	zhuānmén	4	8
祝贺	동	zhùhè	4	3
著名	명	zhùmíng	4	11
主人	명	zhǔrén	5	1
总	부	zǒng		12
钻石	명	zuànshí	6	10
组合	명	zǔhé	5	5
尊称	명	zūnchēng	5	6
作家	명	zuòjiā		11

신HSK 3급 단어 목록

A

阿姨	ā'yí
啊	a
矮	ǎi
爱	ài
爱好	àihào
安静	ānjìng

B

八	bā
把	bǎ
爸爸	bàbà
吧	ba
白	bái
百	bǎi
班	bān
搬	bān
半	bàn
办法	bànfǎ
办公室	bàngōngshì
帮忙	bāngmáng
帮助	bāngzhù
包	bāo
饱	bǎo
报纸	bàozhǐ
杯子	bēizi
北方	běifāng
北京	běijīng
被	bèi
本	běn
鼻子	bízi
比	bǐ
比较	bǐjiòo
比赛	bǐsòi
必须	bìxū
变化	biànhuà
表示	biǎoshì
表演	biǎoyǎn
别	bié
别人	biérén
宾馆	bīnguǒn
冰箱	bīngxiōng
不客气	búkèqi
不	bù

C

才	cái	
菜	cài	
菜单	càidān	
参加	cānjiā	
草	cǎo	
层	céng	
茶	chá	
差	chà	
长	cháng	zhǎng
唱歌	chànggē	
超市	chāo shì	
衬衫	chèshān	
成绩	chéngjì	
城市	chéngshì	
吃	chī	

迟到	chídào
出	chū
出现	chūxiàn
出租车	chūzūchē
厨房	chúfáng
除了	chúle
穿	chuān
船	chuán
春	chūn
词语	cíyǔ
次	cì
聪明	cōngmíng
从	cóng
错	cuò

D

打电话	dădiànhuà	
打篮球	dălánqiú	
打扫	dăsăo	
大	dà	
大家	dàjiā	
带	dài	
担心	dānxīn	
蛋糕	dàngāo	
但是	dànshì	
当然	dāngrán	
到	dào	
地	dì	
的	de	
得	dé	děi
灯	dēng	
等	děng	
低	dī	
弟弟	dìdì	
地方	dìfāng	
地铁	dìtiě	
地图	dìtú	
第一	dìyī	
点	diǎn	
电脑	diànnǎo	
电视	diànshì	
电梯	diàntī	
电影	diànyǐng	
电子邮件	diànzǐyóujiàn	
东	dōng	
东西	dōngxi	
冬	dōng	
懂	dǒng	
动物	dòngwù	
都	dōu	
读	dú	
短	duǎn	
段	duàn	
锻炼	duànliàn	
对	duì	
对不起	duìbùqǐ	
多	duō	
多么	duōme	
多少	duōshǎ	

E

饿	è
而且	érqiě
儿子	érzi
耳朵	ěrduo
二	èr

F

发烧	fāshāo
发现	fāxiàn
饭馆	fànguǎn
方便	fāngbiàn
房间	fánfjiān
放	fàng
放心	fàngxīn
非常	fēicháng
飞机	fēijī
分	fēn
分钟	fēnzhōng
服务员	fúwùyuán
附近	fùjìn
复习	fùxí

G

干净	gānjìng
敢	gǎn
感冒	gǎnmào
刚才	gāngcái
高	gāo
高兴	gāoxìng
告诉	gàosù
哥哥	gēgē
个	gè
给	gěi
跟	gēn
根据	gēnjù
更	gèng
公共汽车	gōnggòngqìchē
公斤	gōngjīn
公司	gōngsī
公园	gōngyuán
工作	gōngzuò
狗	gǒu
故事	gùshì
刮风	guāfēng
关	guān
关系	guānxì
关心	guānxīn
关于	guānyú
贵	guì
国家	guójiā
果汁	guǒzhī
过去	guòqù
过	guò

H

还	hái
还是	háishì
孩子	hái
害怕	hàipà
汉语	hànyǔ
好	hǎo
好吃	hǎochī
号	hào
喝	hē
和	hé
河	hé
黑	hēi
黑板	hēibǎn
很	hěn
红h	óng
后面	hòumiàn
护照	hùzhào
花	huā
花园	huāyuán

画 huà
坏 huài
欢迎 huānyíng
还 hái huán
环境 huánjìng
换 huàn
黄 huáng
回 huí
回答 huídá
会 huì
会议 huìyì
火车站 huǎchēzhàn
或者 huàzhě

J

机场 jīchǎng
鸡蛋 jīdàn
几乎 jīhū
机会 jīhuì
极 jí
几 jǐ
记得 jìde
季节 jìjié
家 jiā
检查 jiǎnchá
简单 jiǎndān
件 jiàn
健康 jiànkāng
见面 jiànmiàn
讲 jiǎng
教 jiāo jiào
角 jiǎo
脚 jiǎo
叫 jiào
教室 jiàoshì
接 jiē
街道 jiēdào
结婚 jiéhūn
结束 jiéshù
节目 jiémù
节日 jiérì
姐姐 jiějiě
解决 jiějué
借 jiè
介绍 jièshào
今天 jīntiān
进 jìn
近 jìn
经常 jīngcháng
经过 jīngguò
经理 jīnglǐ
九 jiǔ
久 jiǔ
旧 jiù
就 jiù
举行 jǔxíng
句子 jùzi
觉得 juéde
决定 juédìng

K

咖啡 kāfēi
开 kāi
开始 kāishǐ
看 kàn
看见 kànjiàn
考试 kǎoshì
渴 kě

可爱 kě'ài
可能 kěnéng
可以 kěyǐ
刻 kè
课 kè
客人 kèrén
空调 kōngtiáo
口 kǒu
哭 kū
裤子 kùzi
块 kuài
快 kuài
快乐 kuàilè
筷子 kuàizi

L

来 lái
蓝 lán
老 lǎo
老师 lǎoshī
了 le
累 lèi
冷 lěng
离 lí
离开 líkāi
里 lí
礼物 lǐwù
历史 lìshǐ
脸 liǎn
练习 liànxí
两 liǎng
辆 liàng
了解 liǎojiě
邻居 línjū
零 líng
六 liù
楼 lóu
路 lù
旅游 lǚyóu
绿 lǜ

M

妈妈 māma
马 mǎ
马上 mǎshàng
吗 ma
买 mǎi
卖 mài
满意 mǎnyì
慢 màn
忙 máng
猫 māo
帽子 màozi
没 méi
没关系 méiguānxi
每 měi
妹妹 mèimèi
门 mén
米 mǐ
米饭 mǐfàn
面包 miànbāo
面条 miàntiáo
明白 míngbái
明天 míngtiān
名字 míngzi

N

拿 ná

哪(哪儿)	nǎ'ér
那(那儿)	nà'ér
奶奶	nǎinǎi
南	nán
男人	nánrén
难	nán
难过	nánguò
呢	ne
能	néng
你	nǐ
年	nián
年级	niánjí
年轻	niánqīng
鸟	niǎo
您	nín
牛奶	niúnǎi
努力	nǔlì
女儿	nǚ'ér
女人	nǚrén

P

爬山	páshān
盘子	pán
旁边	pángbiān
胖	pàng
跑步	pǎobù
朋友	péngyǒu
啤酒	píjiǔ
便宜	piányí
票	piào
漂亮	piàoliàng
苹果	píngguǒ
葡萄	pútáo
普通话	pǔtōnghuà

Q

七	qī
妻子	qīzǐ
其实	qíshí
其他	qítā
骑	qí
奇怪	qíguài
起床	qǐchuáng
千	qiān
铅笔	qiānbǐ
钱	qián
前面	qiánmiàn
清楚	qīngchǔ
晴	qíng
请	qǐng
秋	qiū
去	qù
去年	qùnián
裙子	qúnzi

R

然后	ránhoù
让	ràng
热	rè
热情	rèqíng
人	rén
认识	rènshí
认为	rènwéi
认真	rènzhēn
日	rì
容易	rōngyì
如果	rúguǒ

S

三	sān
伞	sǎn
商店	shāngdiàn
上	shàng
上班	shàngbān
上网	shàngwǎng
上午	shàngwǔ
少	shào　　shǎo
谁	shuí
身体	shēntǐ
什么	shénme
生病	shēngbìng
生气	shēngqì
生日	shēngrì
声音	shēngyīn
十	shí
时候	shíhòu
时间	shíjiān
使	shǐ
是	shì
世界	shìjiè
事情	shìqíng
手表	shǒuniǎo
手机	shǒujī
瘦	shòu
书	shū
舒服	shūfú
叔叔	shūshū
树	shù
数学	shùxué
刷牙	shuāyá
双	shuāng
水	shuǐ
水果	shuǐguǒ
水平s	huǐpíng
睡觉	shuìjiào
说话	shuōhuà
司机	sījī
四	sì
送	sòng
虽然	suīrán
岁	suì
所以	suǒyǐ

T

他	tā
她	tā
它	tā
太	tài
太阳	tàiyáng
糖	táng
特别	tébié
疼	éng
踢足球	tīzúqiú
题	tí
提高	tígāo
体育	tǐyù
天气	tiānqì
甜	tián
条	tiáo
跳舞	àǔ
听	tīng
同事	tóngshì
同学	tóngxué
同意	tóngyì
头发	tóufà
突然	tūrán

图书馆	túshūguǎn
腿	tuǐ

W

外	wài
完	wán
完成	wánchéng
玩	wán
碗	wǎn
晚上	wǎnshàng
万	wàn
忘记	wàngjì
喂	wèi wéi
为	wèi
为了	wèile
为什么	wèishénme
位	wèi
文化	wénhuà
问	wèn
问题	wèntí
我	wǒ
我们	wǒmen
五	wǔ

X

西	xī
西瓜	xīguā
希望	xīwàng
习惯	xíguàn
洗	xǐ
洗手间	xǐshǒujiān
洗澡	xǐzǎo
喜欢	xǐhuān
下	xià
下午	xiàwǔ
下雨	xiàyǔ
夏	xià
先	xiān
先生	xiānshēng
现在	xiànzài
香蕉	xiāngjiāo
相同	xiāngtóng
相信	xiāngxìn
想	xiǎng
向	xiàng
像	xiàng
小	xiǎo
小姐	xiǎojiě
小时	xiǎoshí
小心	xiǎoxīn
笑	xiào
校长	xiàozhǎng
些	xiē
鞋	xié
写	xiě
谢谢	xièxiè
新	xīn
新闻	xīnwén
新鲜	xīnxiān
信	xìn
星期	xīngqī
行李箱	xínglǐxiāng
姓	xìng
兴趣	xìngqù
熊猫	xiòngmāo
休息	xiūxi
需要	xūyào
选择	xuǎnzé
学生	xuéshēng

学习	xuéxí
学校	xuéxiào
雪	xuě

Y

颜色	yánsè
眼镜	yǎnjìng
眼睛	yǎnjīng
羊肉	yángròu
要求	yāoqiú
药	yào
要	yào
爷爷	yéyé
也	yě
一	yī
衣服	yīfú
医生	yīshēng
医院	yīyuàn
一定	yídìng
一共	yígòng
一会儿	yíhuì'ér
一样	yíyàng
以后	yǐhòu
以前	yǐqián
以为	yǐwéi
已经	yǐjīng
椅子	yǐzi
一般	yìbān
一边	yìbiān
一起	yìqǐ
一直	yìzhí
意思	yìsi
阴	yīn
因为	yīnwéi
音乐	yīnyuè
银行	yínháng
应该	yīnggāi
影响	yǐngxiǎng
用	yòng
游戏	yóuxì
游泳	yóuyǒng
有	yǒu
有名	yǒumíng
又	yòu
右边	yòubiān
鱼	yú
遇到	yùdào
元	yuán
远	yuǎn
愿意	yuànyì
月	yuè
月亮	yuèliàng
越	yuè
云	yún
运动	yùndòng

Z

在	zài	
再	zài	
再见	zàijiàn	
早上	zǎoshàng	
怎么	zěnme	
怎么样	zěnmeyàng	
站	zhàn	
张	zhāng	
长	cháng	zhǎng
丈夫	zhàngfū	
着急	zháojí	

找	zhǎo	
照顾	zhàogù	
照片	zhàopiān	
照相机	zhàoxiàngjī	
这(这儿)	zhèér	
着	zhe	
真	zhēn	
正在	zhèngzài	
知道	zhīdào	
只	zhī	zhǐ
中国	zhōngguó	
中间	zhōngjiān	
中午	zhōngwǔ	
终于	zhōngyú	
种	zhòng	
重要	zhòngyào	
周末	zhōumò	
主要	zhǔyào	
住	zhù	
祝	zhù	
注意	zhùyì	
准备	zhǔnbèi	
桌子	zhuōzi	
字	zì	
字典	zìdiǎn	
自己	zìjǐ	
自行车	zìxíngchē	
总是	zǒngshì	
走	zǒu	
最	zuì	
最近	zuìjìn	
昨天	zuótiān	
左边	zuǒbiān	
坐	zuò	
做	zuò	
作业	zuòyè	
作用	zuòyòng	